我的丈夫傅莱

一个奥地利人在中国的60年

江国珍 编著

CFP 中国电影出版社

【目　　录】

第四章　回忆傅莱的文章 / 193

第五章　媒体报道 / 231

附录

序言1　无悔的选择　伟大的人生

——怀念伟大的国际主义战士傅莱同志

我与傅莱同志是老校友。他1942年年底到晋察冀军区白求恩学校任教，我1946年就读于其前身是晋察冀军区白求恩学校的白求恩医科大学。尽管我没有听过傅莱老师的授课，但我和我的同学们都知道，我们学校有一位高个子洋教师。1990年，白求恩医科大学北京校友会成立后，我当选为会长，傅莱同志被聘任为名誉会长，此后常有联系。1997年中国白求恩精神研究会成立，我和国家卫生部老部长，即我们的老校长钱信忠同志当选会长，傅莱同志被聘任为顾问，此后就又增加了一种相互联系的机会。至今，傅莱同志那伟岸的身影、优雅的形象、坚贞的革命气节，仍然深深印在我的脑子里。

傅莱同志的一生是坚守共产主义信念的一生。他中学时就接受了马克思主义教育，加入奥地利共产党，成为一名坚定的共产主义战士。1938年3月，德国法西斯吞并了奥地利，大肆迫害奥共地下党员和爱国者。根据奥共指示，年仅19岁的他紧急转移出国，于1939年1月15日来到中国上海。在与我地下党组织取得联系后，几经辗转来到晋察冀军区。我非常赞成本书中有关作者对傅莱同志这样的评价：在奥地利地下党冒着生命危险工作时，他没有胆怯过；在来到中国的初期四处寻找共产党组织时，他没有放弃过；在抗日战争和解放战争的炮火中，他没有退却过；在上世纪遭遇三年困难时期生活极度困难时，他没有气馁过；在“文革”期间政治上和生活上遭到不公正待遇时，他没有动摇过。他坚守共产主义的信念，直到生命的最后一刻。

傅莱同志的一生是展现伟大国际主义情怀的一生。他历经艰险，不远万里来到中国，与中国人民并肩作战，投入艰苦卓绝的民族解放斗争，并加入中国共产党，后又义无反顾加入中国国籍。改革开放后，许多人借助于各种可以利用的机会和关系，移居西方发达国家。这时，常常有人问傅莱为什么不回经济条件比较优越的故乡奥地利。傅莱总是坚定地回答说：“中国需要人才，我要留在中国。”并总是自豪地说：“我是中国人，我爱中国。”他始终把中国作为自己的第二故乡，为中国人民的解放和建设事业整整奉献了65个春秋，直至2004年11月16日在北京逝世。他是全国政协第六、七、八、九届委员，曾荣获中华人民共和国三级独立自由勋章、三级解放勋章、国家卫生部科学贡献奖章等，他在中国人民中赢得了很高的声望。

傅莱同志的一生是发扬艰苦奋斗拼搏进取精神的一生。初到白求恩学校做教员工作，过语言关成了他第一个难题，经过刻苦努力，一年后就能讲一口流利的中国话了。边区条件极其艰苦，他谢绝组织上给予的照顾，与群众打成一片，主动参加生产劳动。他工作勤奋，刻苦钻研，大胆实验，敢于创新，在极其简陋的战争环境下，研制出粗制盘尼西林（青霉素），为边区军民健康作出了重要贡献，并得到了毛泽东主席的赞扬。他的一生成就卓越，不乏首创之举。他改进了肺结核“人工气胸疗法”，参与了钩虫病的防治，完善了我军第一个临床化验室。走进新的历史时期后，他又为推进医学信息现代化，引入医学文献分析与检索系统等作出了杰出贡献。

傅莱同志的一生是践行爱岗敬业作风的一生。他一边教学一边到前线参与救治伤员，很多患者在他的妙手之下重获健康，使得生命得以延续。特别是他在白求恩学校成为传染病学科带头人后，哪里有传染病流行哪里就有他的身影。解放战争后期，他曾在白求恩国际和平医院担任传染科主任。当时，结核病人是主要服务对象，但由于没有特效药物，只能靠对症治疗，安静休养，加强营养，但死亡率很高。他就任后，工作兢兢业业，夜以继日陪伴病人，积极治疗，还常常与病人交谈，提高病人的抗病信心。他常鼓励患者说：“结核病是可以好的，白求恩不是也患过肺结核，不是也好了吗？”他还亲自去小伙房，为病人调配可口富有营养的食谱。大家都说，洋大夫给我们带来了希望。于是，个个安心休养，服从治疗，不少同志治愈出院，重新走上前线，走上工作岗位。

傅莱同志的一生是以极大热忱身体力行、倾心传播白求恩精神和白校精神的一生。他始终以曾与白求恩、柯棣华共同战斗在晋察冀边区和晋察冀白求恩学校为荣。他一生竭尽全力宣扬白求恩精神，践行白求恩精神，竭尽全力宣扬白校精神，践行白校精神。晚年，他嘱咐家人，死后将自己的骨灰撒在长期战斗和工作过的唐县这块土地上。后经聂荣臻元帅的女儿聂力及王昆等同志及有关机构的积极协调，将骨灰埋在了河北省唐县军城烈士陵园白求恩、柯棣华陵墓旁。至此，他与白求恩、柯棣华为伴，长眠于太行山麓、唐河之滨。

傅莱同志的一生是伟大的一生，我们永远怀念傅莱同志！

傅莱同志永垂不朽！

刘明璞

（中国人民解放军后勤部原副部长，中将军衔）

2015年6月

序言2

奥地利人民和中国人民的好儿子，中国共产党的优秀党员傅莱同志离开我们整整十年了。

今天，记录傅莱同志一生光辉历程的大作在他家人的辛勤追索中得以完成，沿着傅莱同志足迹缅怀和纪念他，不禁思绪万千，难以释怀。

傅莱同志对革命事业无限忠诚，不怕流血牺牲，不怕艰难险阻，在革命道路上挺胸阔步。他19岁时受到德国法西斯占领军的追捕，随船到了上海。来到上海才知道中国已被日军占领了大片领土，他当时并不真正了解中国的抗战形势，只知道日本帝国主义与德国法西斯一样是侵略者，必须予以坚决反抗。当他知道有一支共产党领导的抗日队伍，奋战在抗战前线，便立即决定随八路军去参加抗日战争，从此投身抗日的前线。

傅莱同志1941年12月到达晋察冀军区便担任了白求恩军医学校教员，为八路军和抗日力量培养战地医务工作者。1942年5月他第一次见到聂荣臻司令员，当时这位身高1.92米，会说中国话，而且颇有风趣的洋医生，让司令员颇感兴趣，随即为其取了个中国名字——傅莱（美好吉祥的意思），从此傅莱同志和聂荣臻司令员结下了不解之缘。

由于他善于学习，无论政治、经济、科技、历史都广取博读，而且都有相当水平，人们把他看成“智多星”。他对毛泽东同志著作的学习更是非常投入，尤其对《论持久战》中的战略战术极为尊崇，认为这是战胜强敌的法宝。

傅莱对白求恩非常尊敬，认为他是共产主义者、国际主义者，他那毫不利己专门利人的精神，对工作极端负责任，对同志对人民极端热忱的精神是值得永远学习的榜样。

傅莱同志1939年1月到中国，2004年11月去世。他曾担任晋察冀军医学校教员、医学顾问。新中国成立后先后担任国家医学信息研究所所长、全国政协委员等职，在中国革命的岗位上呕心沥血、无私无悔地奋斗了65年，他恪尽职守，成就辉煌。傅莱这个名字在中华大地上将永垂不朽。

金有志

2014年3月10日

/ 第一编 /

傅莱经历

引　言

傅莱，原名理查德·石泰因（Richard Stein），中国籍奥地利人，国际共产主义战士。他同白求恩、柯棣华一样，来自遥远的异国他乡，为了帮助中国人民抗击日本帝国主义的侵略，在战争最残酷的时候来到战斗的最前沿，为中国的解放事业付出了自己的一切，一直战斗到生命的最后一刻，以毕生的精力和智慧，勤勤恳恳地为中国人民默默耕耘了65个春秋。最终他的骨灰与白求恩、柯棣华安葬在一起，与他热爱的并曾经战斗过的中国大地永远相伴。

第一章　奥地利岁月

第一节　童年

理查德出生于音乐之都维也纳的一个职员家庭。1920年2月11日下午6点45分，他在维也纳的鲁道尔菲纳豪斯医院（Rudofinerhaus）降生，犹太血统。他出生时，父母就为他取好了名字。他的父亲卡米罗·石泰因（Camillo Stein），犹太人，生于捷克，是一名财税官，早年也受到良好的教育，具有较高的文化水平，第一次世界大战时来到维也纳，曾经参加过奥地利社会民主党。他的母亲特雷泽·石泰因（Therese Stein）是出生于匈牙利的犹太人，曾学过护理，婚后理家并兼做一些裁缝工作。非常慈祥、温柔体贴的她，过着相夫教子的生活。父母靠自己的勤奋和努力，营造着自己的小家庭，在当地社会中，父母的工作都是比较体面的，算是中产阶级的家庭，家境还算殷实，这个三口之家的日子过得和和美美。

作为家中的独生子，理查德自小受到了父母的百般疼爱，加之家中的不薄收入，他过着甜甜蜜蜜的生活，在美丽的维也纳，他享受着童年的乐趣，度过了自己幸福的童年。

理查德的父母感情甚笃、和睦恩爱，对他们的儿子更是视为掌上明珠，精心呵护、关爱有加。节假日或周末的时候总会带他出去

傅莱与父母

1岁的傅莱

6岁的傅莱

8岁的傅莱

图片来源：李立明：《国际主义战士傅莱》，中国协和医科大学出版社2009年版。

游玩，坐落于维也纳西南部的美泉宫就是他们常去的地方。他们在外出时，经常会给可爱的小宝宝拍摄一些各种动作与各种表情的照片，尔后洗印出来，装订成册，作为常常欣赏的内容和夫妻的乐趣，也作为永久的纪念珍藏。

在日常生活中，夫妻俩不但努力工作，各自做好自己应做的事情，而且他们对儿子也有一套自己的教育方法，并不一味地苛求理查德。只要孩子能够健康、快乐地成长就行，没有望子成龙的殷切心理。作为一个独立的个体，父母从小就给了他很大的自由和空间，让他从自己幼小的心灵深处去辨别真善美和假恶丑，辨别哪些是应该做的事，哪些是不能做的事。独立人格的塑造，对于尔后理查德投身革命，离开故乡来到并扎根中国产生了很大的影响。

第二节　革命思想的萌芽

理查德6岁进入基础学校念初级小学，他不但非常聪颖，而且还勤奋好学，在班级里的学习成绩总是名列前茅。由于个子高，他总是被老师安排坐在教室的最后一排，但这并不妨碍他认真听课。由于他每节课都能专心听讲，所以学习成绩一贯优秀。

理查德念中学时，就读的是维也纳市德布林格学校。中学时代，他独立思考的能力有所增强，所学的课程也多了，奥地利共产党对青少年进行的马克思主义教育，他都在潜移默化中逐渐接受。奥共的一些先进的理念与革命的思想，使理查德开始在灵魂深处同情工人阶级，支持工人运动，同劳苦大众紧密地站在一起。在生活上，他也勇于到艰苦的环境中去磨砺自己的意志，积极参加奥共组织的青少年野营训练，如登山、滑雪、模拟战地急救等。在这些活动中他不但善于挑战自我，而且也锻炼了自己的合作与团队精神。

理查德在学校给人的印象是腼腆、内向、学习成绩不错，在大是大非面前有着自己的观点和认识，在重要的事情中他有自己的决策与选择。接触他的朋友和家人能够感觉到他内心对于加入奥地利共产党的崇敬与向往。据他的中学同学乔治·莱德雷尔（George Lederer）回忆，有一天放学，理查德和莱德雷尔一起走出校门，到一个僻静无人的地方，理查德小声对莱德雷尔说："嘿，我有一本书，你想看吗？"莱德雷尔轻声问道："什么书？"理查德打开书包，拿出一本《莫斯科7天见闻录》，莱德雷尔一看书名就知道是关

傅莱（后排右二）与老师、同学在教室的合影（1930年）

于苏联社会主义的宣传品，一点都不感兴趣，他摇了摇头，走开了。后来他说在当时的环境下，如果被人看到向当局告发，理查德一定会被逮捕的。就是在那样恶劣的环境下，理查德对这些都全然不顾，充分表现出从那个时候开始，加入共产党的想法便在他的内心萌芽，而且也说明了从那个时候起，他就开始了在学生中进行秘密的革命活动。

1934年2月，奥地利内战爆发，奥地利共产党领导的维也纳工人保卫团和社会民主党领导的半军事队伍共和国保卫同盟联合行动，反抗走上法西斯道路的奥地利政府所进行的武装镇压。年仅14岁的小理查德同小伙伴一起在维也纳卡尔·马克思公寓巷战中，冒着生命危险为保卫团运送弹药，还在老医生的指导下参加战伤救护、抢救伤员的活动。这些使得他对医学产生了浓厚的兴趣，他认为医学

傅莱（后排左一）上中学时与老师、同学的合影

可以直接解除伤者的病痛，把一个伤病员或者病人从死亡线上拯救过来的心情是愉悦的，这种职业是无上光荣的。这为他以后走上学医的道路从思想与行动上作了前期的准备。1935年夏，15岁的理查德秘密加入了奥地利共青团，成为奥共党员的后备力量。据说他的叔叔就是奥共的一名党员，理查德参加奥共活动很大程度上是受到了他叔叔的影响[1]。他决心在党的领导下，为推翻奥地利的法西斯统治，为解救在黑暗统治下的人们，为"英特纳雄奈尔"奋斗终生。

1938年3月15日，德国吞并了奥地利。在奥地利，希特勒实行高压政策，在他的淫威之下，有些民众在白色恐怖与恫吓的烟云中心灵被扭曲，有不少人屈服了，顺从了。在奥地利去向问题的投票中，99%的投票者都赞成德奥联合，在这样的大背景下，四处都在宣传和鼓吹德奥的合并。理查德就读的德布林格中学也打出了巨幅的条幅，上面写着纳粹标语"一个民族，一个国家，一个领袖"（Ein Volk – Ein Reich – Ein Führer），条幅横跨二楼教室四个窗户，校门的门楣上还有一面巨幅的纳粹党旗装点着。

什么德奥联合？实际是德国法西斯在占领奥地利之后，想把奥地利据为己有，对其进行全面的控制，而为了粉饰门面，打出联合的幌子。真正的两个国家之间的联合是平等的，不存在歧视的问题，而像这样的德奥联合，分明是一个民族对另一个民族的无偿占

1 高粱博客：历史研究——傅莱及其他：傅莱和奥地利共产党[2012-12-14] http://blog.sina.com.cn/s/blog_6366f7530100hean.html

有，所推行的是强权政治。

在这样的大背景之下，不但生活在奥地利的民众受到了压迫与束缚，生活在奥地利的犹太人更是受到了排挤。突然有一天，所有犹太身份的同学都得到通知，他们不能在本校学习了，要集中转往19区杜普林根中学，因为这样可以对他们进行更为苛刻的管教。理查德是在1938年4月29日转往杜普林根中学的，在这里他邂逅了一个志同道合的异性朋友，并与她谈了一场短暂的柏拉图式的恋爱。

这个女孩名叫汉娜·施皮策（Hanna Spitzer），犹太人，与傅莱同岁，是家中的独生女，是维也纳13区国立菲希特纳胡同（“胡同”二字来自傅莱当年的翻译）中学（Bundesgymnasium Fichtnergasse）

德奥合并后的德布林格中学

毕业班的学生。有一天，在这个学校上课时，老师像往常一样走进教室。但是，和往常不一样的是，老师没有马上开始讲课，而是冷漠地说："犹太人，站起来，坐到最后一排去。"汉娜和几个男生站了起来，在众目睽睽之下向后面走去。这个18岁的女生感到伤心，感到自己被歧视了，感到自己成了另类。不久，坐到最后一排也不行了，他们也被勒令转到19区的杜普林根中学读书，就这样两个犹太年轻人相遇了，开始了他们仅有8个月的恋爱时光。

这所学校重新组织毕业班，汉娜与理查德恰好被编入一个班，教室里按照学生姓氏字母顺序安排学生的座位。汉娜姓施皮策（Spitzer）在先，理查德姓石泰因（Stein）在后，而且正好在汉娜的身后。两人一前一后坐着，就有了说话的机会。他们谈论的都是政治敏感话题，说得非常小心，讲的声音也比较小，生怕别人听到。因此谈话时，两个人离得很近，要么是咬着耳根，要么是双目相视，双方都感到了彼此身上的体温与热情。理查德说："放学后去美泉宫吧。"在美泉宫，他们谈论的还是政治敏感话题。两个人都处于最富于反抗精神和最具逆反心理的年龄，都认为社会党的改良主张是隔靴搔痒，共产党的革命主张才切实可行。汉娜明显地感到，理查德比她更倾向共产党。虽然没有说透，汉娜隐隐约约觉得理查德在为共产党做事。相同的处境，共同的理想，使得两个年轻人很快就相爱了。到了这年的夏天两个人已经形影不离，彼此都去对方家里见了父母。

汉娜知道理查德在自学医学，就帮他联系去表姐工作的诊所实习，同时上课、参加培训。汉娜的表姐是X光科的护士，近水楼台，理查德就学习操作和使用X光机，并获得了相关的证书。理查德在诊所还积累了很多医学知识和经验，这些医学方面的训练影响了他一生。汉娜则上了一所家政学校，也获得了相关的证书。那段时间，理查德几乎每天都去诊所。

1938年，理查德18岁，这一年他成人了，具备了独立的行为能力，能够为自己的所作所为负责任了。他还有一年就可以从杜普林根中学毕业，可以举办加入奥共的简单仪式，即在党代表面前宣誓，这也是加入奥共的必须步骤，但由于当时形势比较严峻，奥共代表没有准时赴约，这个仪式也一直没有举行，不过奥共已经接受他为其中的一员。就在这一年他考入了维也纳医科大学，学习内科学、传染病学、医学微生物检验学、X光放射诊断学等医科专业知识，还参加了医院的临床实习，通过学医这个途径实现用自己的双手来解决更多人的病痛的理想。

不过，理查德和汉娜的甜蜜恋情没有维持多久就被现实社会的残酷破坏了，理查德因为积极从事反法西斯的地下斗争，被盖世太保列入黑名单，遭到逮捕。奥地利共产党地下组织为了保护党员们的安全，秘密安排他们转移，要求他们必须在24小时内撤离维也纳。

傅莱高中时期留影

青年时期的傅莱

1939年傅莱乘邮轮远行

第二章　献身中国的抗战大业

第一节　初到中国

当时，奥地利整个国家的形势十分危急，法西斯的统治使奥地利人遭受到了前所未有的灾难，犹太人更是遭到了歧视和迫害，希特勒的军警肆意杀戮造成了整个城市的恐慌。奥地利共产党组织也遭到破坏，许多共产党人被逮捕和枪杀。在这种局势下，奥共地下组织通知被列入盖世太保黑名单的成员必须在24小时内撤离维也纳。年轻的理查德没有其他选择，他不得不痛下决心离别养育他的父母和国家，由于时间紧迫，时局混乱，党组织只给他筹措到了一点经费，本来殷实的家庭此时也因为父亲的失业变得拮据，父母短时间无法凑齐他的路费，只能四处想办法为他筹措到了一些，就这样他只能只身一人离开自己的祖国与养育自己的父母及亲密的女友。

在奥共地下党组织的安排下，18岁这年，理查德为反抗德国法西斯迫害离开了故乡维也纳，去往中国的上海。1938年12月18日晚，在凛冽的寒风中，汉娜与理查德的父母到车站送别他，分离时他们紧紧拥抱吻别，不知这一别多少年后才能相见，他的流亡生活何时才能结束？！因此双方都深知此刻的宝贵。

理查德告别了父母和初恋女友汉娜，登上了去往意大利的列车，抵达热那亚城后，在港口搭上“胜利号”远洋客轮，前往中国。

为什么把中国作为自己的目的地呢？因为当时的美国、英国、澳大利亚和中国是很多欧洲人选择逃往的国家，中国和巴西是仅有的两个入境无须签证的国家，而且理查德知道在中国正在进行着一场声势浩大的革命，中国有一支坚决反对法西斯、顽强抗击日本侵略者的革命部队——中国共产党领导的八路军。他在中学读书时就曾在同学之间的辩论中了解了中日关系，当时他是全校闻名的拥护中国派，一直以来都关注着中国的政治风云，向往有一天能够加入这支光荣的队伍。因此在获得奥共地下党的转移通知后，他毅然选择了前往中国，投奔中国共产党领导下的八路军队伍，献身于崇高的国际无产阶级革命事业。

理查德搭载的邮船驶离了码头，途经地中海、苏伊士运河、红海、阿拉伯海、印度洋、太平洋，开进南中国海，在香港作了短暂的停靠，因为理查德听说孙中山先生的夫人宋庆龄居住在香港，而且她是支持反法西斯的英雄战士，因此利用在香港停靠的间隙，他赶紧上岸去寻访宋庆龄，因当时宋已经前往重庆，未能见面，他只得扫兴而归回到船上，继续航程。历经一路的风浪和颠簸，在海上漂泊了28天后，他终于在1939年1月15日抵达了上海港。理查德之所以选择在上海登岸，还有一个原因就是奥共在上海有秘密联络点，他希望能够借助他们的帮助，寻找到一些与中国共产党取得联系的蛛丝马迹。

第二节　历经千辛，找寻晋察冀革命根据地

初来中国的日子并不好过。在船上，他认识了一名国民党员（姓名不详），经他指点，下船后去找一个名叫照空的和尚。不过由于两人在政治问题上存在争论，没有共同语言，照空没有帮助理查德，更不能指望他给理查德安排工作。

理查德靠着自己的力量，在陌生的国度、陌生的城市中寻找党组织。他先去寻找奥共在上海的秘密联络点，但由于联络员已在两个月前生病去世，使得联络的线索中断，当时他身上只有5个马克

1939年理查德与父亲在上海见面后的合影

的现金，去邮局取父亲托朋友从美国汇来的100美元生活费时，又被一个同名同姓的欧洲人冒领了。穷困潦倒的他只好来到提篮桥，找到欧洲犹太人难民救助委员会资助的一家慈善机构，靠洗床单、缝补袜子打散工换取生活费。当时从欧洲逃亡到上海的欧洲难民中正在流行猩红热，因为理查德的医学背景，又曾有过在医院实习的经历，在慈善机构的资助下，他与难民中学医的同行一道办起了临时传染病院（上海虹口难民传染病隔离医院），收治病人。在行医救人的同时，他并没有放弃寻找中国共产党，一边行医，一边继续打听。

在获知北方八路军在天津抗日的消息后，他于1939年3月毅然北上来到天津。他在上海逗留的时间不长，大概3个月。4月26日他的父母从维也纳出发，于5月下旬到达了上海，之后理查德从天津返回上海看望父母，这是分别后他与父母的首次重逢。在异国相见，内心既有喜悦，也有流亡他乡的苦楚和无奈。

理查德的医学知识帮助了他，他先在一家奥地利医生开办的德美医院从事化验工作，而他所擅长的是X光的放射和诊疗。由于工作不对口，他在这家医院只待了半年的时间。1939年天津发了洪水，理查德患了伤寒症，病愈后，他又转战北平美国长老会办的道济医院工作。1940年前后，傅莱转往西开天主教医院工作，从事X光和化验工作，不足一年，又转往天津最大、最著名的马大夫等几家医院工作。至此，他在天津医学界完全站住了脚，工作稳定，生活安逸。他在马大夫医院工作时间超过了一年，继续从事X光和实验工作。在德美医院和马大夫医院工作期间，他还曾在顺德府天主教医

1939年初傅莱（左一）与上海虹口难民传染病隔离医院同事的合影

1939年傅莱（中）与天津马大夫医院的同事合影

院工作过。听说河北邢台一带八路军活动多，他又到邢台一家美国教会医院工作，后又听说河北昌黎山区冀东八路军活跃，1941年夏他竟只身前往北戴河、昌黎及附近铁路北面山区找寻冀东八路军，不幸遭到日本兵阻拦。

从上海到北平，再到天津、邢台、北戴河、昌黎，理查德的足迹一路向北，只为找寻中国共产党领导的八路军，这条路漫长而曲折，但功夫不负有心人，他终于与党组织取得了联系。保定教会中学校长、美国牧师胡本德（Hubbard）给予了他很大的帮助。理查德从邢台转到了天津马大夫医院，在从北戴河去天津的途中，他结识了胡本德。当时胡本德与共产党地下组织有联系，还是联合国世界教科文组织任命的驻华代表，理查德向他表达了自己想加入中国共产党的愿望，希望胡本德能帮助他。胡本德很快就向刘仁领导的北平地下党城工部介绍了他的情况，表达了他急切加入党组织的愿望，地下组织又将他渴望参加八路军、抗击日本法西斯的要求转报给了聂荣臻司令员，当时根据地非常需要医务人员，聂司令批准了傅莱的请求。

从1939年1月15日抵达上海，到1941年12月中旬前往晋察冀边区，差一个月整整3年，他用了近3年的时间寻觅中国共产党组织。皇天不负有心人，历经千辛万苦之后，他看到了曙光。

晋察冀边区的聂荣臻司令员听到理查德的消息，亲自派黄浩来与他接头。那天，理查德正在天津马大夫医院化验室工作，突然一个身穿长衫、头戴礼帽、戴着一副墨镜的年轻人推门进来了，他进门问道：“请问您是奥地利来的理查德·石泰因吗？”“Yes”，他本能地说出了英语。“我叫黄浩，专程从北平来找您，晋察冀革命根据地的聂荣臻司令员让我给你带来口信，欢迎来晋察冀边区搞医务工作。”听到这个消息，他激动得热泪盈眶，紧紧握住这位朝思暮想的革命同志的双手，久久说不出话来。只身一人来到中国，从南到北，从城市到乡村，他苦苦追寻总算找到了党组织，和中国共产党接上了头，他心中有说不出的喜悦，就像流浪的孩子找到了自己的母亲。

接下来的几个月内，中共地下组织交通站几度安排送他去抗日根据地，终究因为事情的临时变化而未能成行。为了便于和八路军取得联系，组织决定让他从天津搬到北平居住。1941年夏天，地下党为他作了周密安排，告诉他穿什么衣服、走哪条路，作好了与党组织碰头的准备。后因鬼子扫荡，封锁线禁止通过，被迫撤回。两个月后，他被通知到北平颐和园一棵大树下，与原燕京大学一位姓赵的同学会面，随其去根据地。他带上医疗设备，骑着自行车在约好的时间、地点与赵同行，后途中又换了不同的接头人，以躲开敌人的巡查。后来他才知道，先与他接头的是天津的地下交通员吴又居，到了南口的一个村庄，停下来等到半夜，又由地方武装来人来接应。走到妙峰山半山腰时，来了一个连的部队接应。在与护送他出北平城的那位地方武装人员分手时，理查德将随身携带的德国护照交给了他，托他回天津后退给天津大使馆，并附上了一封信，信中痛斥了法西斯的暴行，他还声明不再做德国公民。他将中国作为自己的第二故乡，投身于伟大的革命斗争之中。

那天晚上，理查德紧跟在一个提着机枪的八路军后面，被夹在队伍中间，在崎岖的山道上通过日寇的封锁线，抵达平西抗日根据地。肖克将军的部队把他送到了八路军平西司令部，肖克还亲自接见了他，对他来抗日根据地表示了热烈欢迎。随后，在肖克将军的精心安排下，他与护送他的人继续行军，翻山越岭，日夜兼程，首先到达了杨成武将军的晋察冀一分区，受到分区首长的热情接待，还与他们合影留念。理查德一行在此稍事停留后又继续前行，继而来到晋察冀三分区，先在一个山村住下来，而后又搬至四分区平山寨北村，最后由一分区政治部主任王守道带领他会见了晋察冀根据地聂荣臻司令员，他的到来受到了聂司令员的热烈欢迎。1941年12

傅莱到晋察冀革命根据地的途中

月中旬，理查德到达了他向往已久的八路军晋察冀抗日根据地，从此在这片热土开始了他崭新的革命生活[1]。

第三节　在白求恩学校的日子

从理查德1941年底到达晋察冀抗日根据地，到1944年接受组织派遣，前往中国革命圣地——延安，正是抗日战争最艰苦的岁月，理查德一直跟随八路军战斗在晋察冀一带，用他精湛的医术救死扶伤。

为了欢迎傅莱的到来，聂司令员请他吃饭，席间两人亲切交谈，十分投机。按照理查德·石泰因的母语——德语frey一词的谐音，聂司令员为他取了一个中国名字——傅莱。他亲切地对理查德说："你离开法西斯铁蹄下的祖国来到中国参加我们的八路军，从而获得了自由，叫这个名字很好。"（傅莱外文名字的姓，也从此由Stein改为Frey。Frey 与frei完全同音，只是Frey是一个欧洲的姓氏，而德语Frei一般很少作为姓氏使用），傅莱也非常喜欢这个中国名字，因此开始使用这个名字，直到他去世。

聂荣臻司令员考虑到傅莱在医疗方面的特长，把他安排在白求恩卫生学校（原晋察冀军区卫生学校，1939年11月12日白求恩逝世后，改名为白求恩卫生学校，原附属医院也改名为白求恩国际和平

1　张业胜：《我所认识的傅莱大夫——记一位加入中国人民解放斗争洪流的国际朋友》，陶思维，《怀念傅莱》，西南师范大学出版社2010年版。

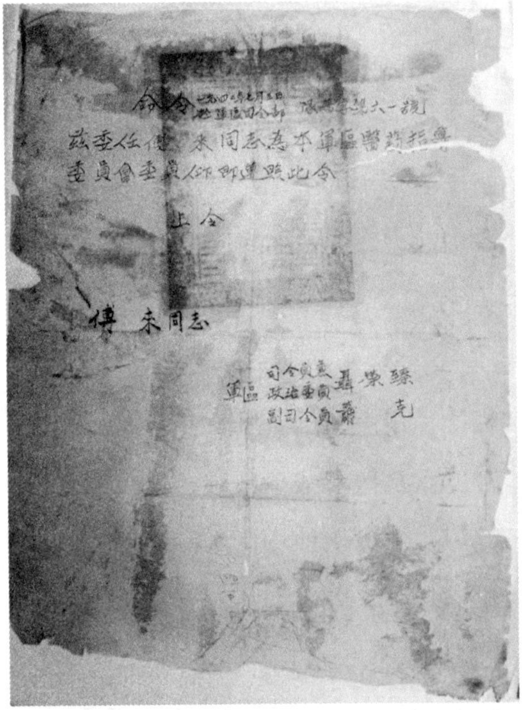
命令

茲委任傅 來同志為本軍區醫藥指導委員會委員仰即遵照此令

上令

傅 來同志

軍區 司令員兼政治委員 聶榮臻
副司令員 蕭 克

傅莱被任命为晋察冀军区医药指导委员

右起：江一真（晋察冀白求恩学校校长）、傅莱、柯棣华、殷希彭（晋察冀白求恩学校副校长）在葛公村大操场的合影

傅莱与林迈克

傅莱与林迈克一家

医院）当了一名教师，与印度援华大夫柯棣华为同事。在这里，傅莱被任命为晋察冀军区医药指导委员、白求恩卫生学校教员，同战友一起在这里抢救伤员，救死扶伤。

傅莱在白求恩卫生学校从事内科学、传染病以及医学检验学的教学和科研工作，并兼任白求恩国际和平医院的内科医生。作为一名教师，他要上讲台，将自己所学传授给学生。这对于一个来到中国不久，从没有学习过中文的“洋教头”来讲，是一件十分不容易的事情。司令部要为他配一名翻译，但倔强的傅莱拒绝了。他坚持一个字一个字、一个词一个词地学习，在具体的工作与生活中练习口语，学习发音，他每天讲一小时的课，但备课就要花掉八九个小时。他准备教案需要经过三道工序：外文—中文—注音，请同志们帮助把不认识的汉字用英文字母注出。周围的人给予了他很大的帮助，譬如他房东家的孩子就常常“逼”他说这说那，在日常生活中练习中文。学校特意将他安排与柯棣华做邻居，给两个外籍大夫更多的交流机会，他们谈论最多的也是中文入门。柯棣华大夫比傅莱早一年来中国，他们见面时，柯棣华已经能用比较流利的汉语讲课，甚至直接用中文备课了。傅莱非常钦佩柯棣华，将他作为自己的榜样。后来柯棣华逝世后，傅莱还专门写了一篇文章来纪念他，题目就叫《我钦佩的战友》。

那时白求恩卫生学校的条件还很差，既没有教学设备又没有教材，为了编制一套符合战争实际需要的医护教材，所有教员都参与了教材的编写。教员们不顾疲劳，夜以继日、废寝忘食、紧张地投入编写工作。当时傅莱只会德语和英语，不会说中文，为了编写教材和讲课，他就先用德文写好讲稿，再在其他教员的帮助下，借助字典将讲稿译成汉语，并在汉字旁标注上读音。尽管如此，他还是经常念错字、用错词。有一次在讲斑疹伤寒的有关内容时，说到该病是由“蛋”引起传染的，大家听了莫名其妙，他看出了大家脸上的疑惑，就在黑板上写了一个“蚤”字，大家看后都笑了。他问大家：“我错了吗？”同学们回答：“你讲的内容没有错，但你有个字的发音错了，把‘zao’读成‘dan’了”。他自己听后不由得也笑了。

还有一次同学问他家乡有无高山，他回答说：“不但有，而且比你们这里的山高好几次！”在德语和英语里，“次”和“倍”是一个单词，而在中文里这两个字却是各有所用，结果闹了笑话。几次洋相之后，他下了决心，既然要在中国干一辈子，既然选择了中国，语言首先要过关，第一要紧的事就是学好中文。下定决心后，他就开始付诸实施。为了学好中文，他付出了比别人更多的努力，他白天教课、备课，夜晚就在油灯下编写讲义直至深夜。

为了给这位远道而来的国际友人创造更好的工作与学习环境，聂帅特批他享受了用两个油捻的油灯的待遇，而其他教师需要两个人共用一盏一个油捻子的油灯。在艰难困苦的反“扫荡”期间，他是唯一享受这种“特殊照顾”的教员。在行军休息时间，他也不忘见缝插针地学习中文。每次行军到一个村子休息时，他总要把村民门上的对联一字一句地抄录在小本子上，请同志们给他讲解，教他念读。这样不但可以学习中文，还可以了解中国的传统文化。经过一年多时间的学习，终于见到了成效，他的中国话在讲台上运用自如了。1944年到延安任教时，他已经能够得心应手地用中文讲话、做笔记、写文章、读中文书报和听中文的演讲报告了。

傅莱在晋察冀抗日根据地的3年中，一边从事教学，一边参加战地救护和卫生工作。当时由于生活条件恶劣，传染病猖獗。1940年八路军总部彭德怀、左权等领导组织百团大战时，部队传染病的减员有时甚至高出了战斗减员，传染病的预防工作成为当务之急，是重中之重、压倒一切的工作。在来中国之前，傅莱已修完了临床检验、病理检验、X光诊断、急救等多门课程，他非常擅长传染病学，此时此地的状况使他找到了用武之地，可以大显身手了。1943年，敌寇层层封锁解放区，条件极端困难，药品也极匮乏，偏在此时，

傅莱在白校期间编写教材

傅莱在白校期间使用过的物品

边区又流行疟疾、麻疹，而治疗这种病的奎宁却很少。身为边区医药指导委员会成员的傅莱十分焦急，他想来想去也没有好的办法，后来他听说中医用针灸可以治疗疟疾，就请教中医，并熟练掌握治疗疟疾的针灸穴位和针法，并将该方法传授给了其他军医。由于没有那么多针可以使用，他还“发明”了用缝衣针做针灸用针，并亲自到作战部队组织实验和推广，收到了良好的效果。军区《简报》对此事进行了报道，上报给了八路军总部，总部又报到延安，连毛主席都知道了洋大夫傅莱用中医针灸治疗疟疾效果好的事迹。因为此事，傅莱受到了毛泽东主席、朱德总司令和聂荣臻司令员的赞

傅莱获得陕甘宁边区主席林伯渠、副主席李鼎铭签名的奖状

扬，八路军总部通报全军表扬了他，并为他颁发了陕甘宁边区奖状。

傅莱凭借自己在传染病学领域内的知识和丰富的实践经验，成为了白求恩卫生学校传染病学的医、教、研带头人，他还曾在边区举行的自然科学研究会上做了题为《疥疮、结核、疟疾诊断与治疗》的报告。从此，哪里有传染病流行，哪里就会有他的足迹。

在教学和实施医疗救助的同时，傅莱还积极参加生产运动。1942年10月间，因为粮食运送困难，学校不得不停课去背粮。全体教员被留校备课，但傅莱主动争取与大家一道参加背粮，不享受特殊待遇。

第四节　完善和平医院第一个临床实验室

1940年3月，白求恩国际和平医院设在唐县的葛公村，当时委派了刚从白求恩学校护一期毕业的学生当化验员。新人刚刚接手，加之医疗设备奇缺，根据地的医学检验工作只是处于刚刚起步阶段。1941年，傅莱从天津来到了晋察冀抗日根据地，分配到“白校”任教。因为他是化验专家，又有过实际操作的工作经验，因此他来后，实验室的工作有了很大的推进，开展了许多新的项目。1942年，学员石云峰实习调入，加强了实验室的力量，还由于傅莱是这方面的专家，所以，他开始逐步承担起临床、教学和外出会诊的任务，还被数次派往疫区，进行传染病的防治，成为边区唯一的一家医学检验诊疗室。起初化验室的设备十分简陋，只有两台显微镜，一台是白求恩留给医院的，一台是延安卫校师生带来的，被大家看作是珍宝。除了这两件“珍宝”外，还有白血球吸管、红血球吸管、血球计算板、血色素比色计、尿比重计、尿蛋白计、手摇离心机、过滤器、酒精灯、白金耳、血球沉降架、4～5克沉降管、大小玻璃试管十几个、大小玻璃器皿四五个、载物和覆盖玻璃片四五盒、染色原料有十几瓶和几种常用试剂。除此之外，还有一部分细菌、原虫、螺旋体、黑热病病原小体标本片，几张挂图和防疫示意图以及

傅莱和柯棣华曾经居住的房屋

伙房

研磨中草药的石碾

教务处

白求恩学校的旧址

一部分组织病理标本片，这就是葛公村和大台村时期白求恩国际和平医院化验室的全部家当了。

化验室的条件非常简陋，用的是老乡的房子，内部粉刷了一下，实验台是用石砖、木板搭建的。消毒用蒸笼，洗片子用过滤水，看显微镜借用阳光。当时能够作临床化验的有：血、尿、大便、痰、穿刺液及一些分泌物的常规检查，还能作细菌、原虫、螺旋体以及黑热病利杜原虫小体染色、血球分类、上皮细胞分类、血型检定等多项检查。

由于傅莱在大城市的大医院化验科工作过，因此在检验科各种

2007年江国珍赴白校考察的照片

制度、检验操作规程及试剂配制方面给予实验室人员很多指导和帮助。通过傅莱的努力，和平医院第一个临床实验室建立起来了。尽管当时实验室的条件还比较简陋，但已经在摸索中开展了许多检验项目，在抗日战争时期的晋察冀根据地发挥了重要作用。

第五节　参加神仙山反“扫荡”

1943年秋，晋察冀边区经历了自根据地创建以来最为艰难困苦的岁月。日寇集中了4万余兵力，向根据地腹地——北岳区展开了持久、残酷的“大扫荡”，目标就是掠夺物资，烧毁粮食，偷袭我后方机关。为了粉碎敌人的铁壁“围剿”，同时配合军区部队精兵简政的需要，白求恩卫生学校和白求恩国际和平医院也大量精简人员，一半人员调回延安，另一半人员从唐县的葛公村搬到了阜平县大台村，依靠神仙山天然的屏障创办卫生学校和教学医院，秘密开展治疗工作。

神仙山的自然条件非常适合作战，它位于阜平县东北约60里，方圆有50里的深山老林区，峰峰相连，地势险峻，悬崖陡峭，主峰奶头尖海拔1800米，下有万丈深渊，素有“阎王鼻子”之称。正是借助了神仙山的地理条件和阜平老百姓的无私支援与热情协助，还有那军民鱼水般的情感，军区卫生部、白求恩卫生学校、和平医院、制药厂和兵工厂才得以取得反“扫荡”的胜利。傅莱在1944年到延安前，自始至终参加了这次最艰苦的秋季反“扫荡”斗争，而且表现得尤为出色。

日本鬼子的军队围着北岳高峰神仙山区反复“围剿”，三进三出神仙山区，整个“扫荡”持续了三个多月，分三个阶段进行，主要是冲着肖克副司令员来的。针对敌人的“扫荡”，我军积极展开了反“扫荡”，卫生部干部、白求恩卫生学校的领导和教授合编为一个游击连：殷希彭校长、刘朴副校长、刘海鹏和傅莱被编在第一班，胡宁、崔静宜、傅唯一、蔡云霄、殷志毅、蔡德淇等编在第二班，胡宁、姜齐贤、江一真及肖克副司令员共同组成战斗指挥部，崔静宜、傅唯一和胡宁组成参谋小组，通过一台电话机汇报当天10~20千米方圆内的敌人活动情况，供指挥部决策参考。当时肖克副司令员身患重病，为此，上级又专门派出了一个武装战斗联队来护卫。

反“扫荡”第一阶段从9月中旬开始，敌方由于借助了空军侦查，进入了以往从未敢涉足的神仙山区。有一天下午4点钟，敌人包围了神仙山区，幸好我军民早有准备，利用地形，采用地雷、机枪、掷弹筒的方式节节抗击，我军借助居高临下的优势，用机枪横扫敌军，经过12昼夜的苦战，毙伤敌人两百多人，敌人无奈只得抬起尸体撤走。

反“扫荡”的第二阶段是从10月中旬开始的，敌军两千多人再次进攻神仙山，我军42团主力分三路保卫留在神仙山的学校、工厂、医院。在第二次反击中，我军共消灭敌人两百余人，激战两天敌人才撤退。第三阶段，由于根据地军民的英勇抵抗，从11月中旬起，敌人开始全线撤退，遭到“扫荡”失败的日伪军在撤退途中实施报复，四处烧杀抢掠，采取“三光”政策——烧光、杀光、抢光。我八路军部队采取灵活机动的战略战术，利用熟悉地理的优势，处处打击敌人，最终取得了反“扫荡”的胜利。

作为白求恩学校的教员，傅莱参加了这次反“扫荡”作战，他在出色完成教学任务的同时，还奔赴炮火纷飞的战地，冒着生命危险执行救护任务，这是他第一次亲历战场，经受战斗的考验。在秋季反“扫荡”快要结束的时候，敌人飞机投下一枚炸弹，战友傅唯一被埋在了瓦砾堆里，全身不能动弹，上面的细沙土漏下来，重重地压住了胸部，严重影响了他的呼吸，细土又堵住了他的嘴，十分难受，再晚10分钟，傅唯一的性命就将不保。头上日军的战机还在

傅莱与八路军战士练习使用缴获的日军迫击炮（1943年）

不时地向下扫射、轰炸，形势十分危急，胡宁听到傅唯一的呼救，第一个跳下山坡去救助，傅莱看到后也毫不犹豫地跟着跳了下去。当时天气十分寒冷，土块被冻得非常坚硬，当时没有别的工具可以利用，他们两人就用手拼命往外刨土，这样紧张地反复刨土，手上的皮肉都被刮破了，手指也流着血，他们完全不顾个人的生命安危，一心想尽快救出战友。十多分钟后，傅唯一被刨出来了，没有大碍，只是头上受了点轻伤。他脱险后感叹说："如果再晚几分钟，我就会憋死在下面了。"傅莱作为一个外国人，他毫不利己、专门为人的奉献精神，深深地感动着身边的每一个人，他也已经将自己融入到八路军队伍中了。

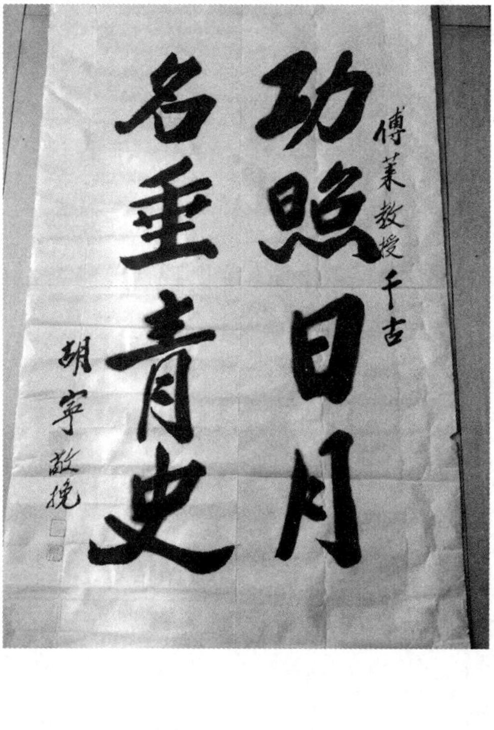

胡宁为傅莱去逝写的挽联

像所有的八路军战士一样，傅莱表现出了不怕苦、不怕死的大无畏的革命精神。那时生活条件艰苦，一天只有两顿玉米糊糊吃，由于经常需要行军作战，所以上级发给每个人的自带充饥干粮通常都是生玉米和黑豆，傅莱与所有的八路军战士一样，从不搞一点儿特殊，与战友们同甘苦、共患难。一样的行军，过着艰苦的战斗生活。在战友和村民的帮助下，干粮被碾成了炒面，味道上也相对好吃一些，傅莱感到非常满足和高兴。在反“扫荡”中，傅莱还因为他的高个子和洋面孔被误认为是鬼子，担任望风任务的人往往赶紧吹哨，通知村民连忙转移。当时正遇上大年夜，村民都在包饺子吃年夜饭，有的家里饺子刚煮好准备吃，有的家刚包好还没有下锅，整整齐齐地码放在案板上，他们无法召回跑散的村民，只好美美地吃上了一顿丰盛的大年夜饺子。为了表示歉意，他们留下了纸条，告诉村民们到当地政府报销。

在战争岁月里，傅莱同所有战士一样，在条件艰苦的环境下生活、工作、战斗，他时常要奔赴前线抢救伤员，还不顾个人安危主动去营救战友，他与中国人民一起同甘共苦，得到了历练，成为一名英勇的国际主义战士。

第六节　加入中国共产党

傅莱来中国前，就听说在中国有一个优秀的政党，领导广大军民抗击日本帝国主义的侵略。到达中国后，他就开始四处寻觅党组织。1941年奔赴晋察冀边区参加八路军，在艰苦卓绝的抗日战争中，他看到了唯有中国共产党能够救中国，能够带领人民走上解放道路，也就在这时，他萌发了要加入中国共产党，成为光荣的党组织一员的愿望。1942年傅莱向党组织递交了入党申请书，表明了自己入党的坚定决心和强烈愿望，并且积极参加共产主义通讯小组的活动。鉴于傅莱来到中国后表现出的不怕吃苦、不怕牺牲的革命精神，为党的事业兢兢业业工作的实际行动，在傅莱连续3年提交加入中国共产党的申请后，党组织批准了他的请求。

1944年11月22日，聂荣臻司令员作为傅莱的入党介绍人，在给傅莱的通知书中写明，经中央组织部讨论，决定接受他的要求，批准他加入中国共产党为候补党员，候补期为半年（从1944年11月21日起），并通知有关部门将其转到卫生部，编入党的支部。时任中共中央组织部负责人的彭真同志亲笔签署了批准傅莱加入中国共产党的通知书，傅莱成为党的一员。

通知书的内容如下：

傅莱同志：

你要求加入中国共产党的问题，经中央组织部讨论，决定接受你的要求，批准你加入中国共产党为候补党员，候补期为半年（从1944年11月21日起）。我们已通知联政转卫生部将你编入党的支部。

专此致

布礼

中央组织部　彭真

1944.11.22

傅莱成为一名共产党员后，对同志们说："共产主义事业是没有国界的。由于我在奥地利有反对法西斯的革命经历，所以我在八路军的队伍中要求加入中国共产党是顺理成章的事情，是我深思熟虑的必然结果。"这是他发自肺腑的真诚表白，也是他革命历程的真实表述。在以后的革命生涯中，他时刻响应党的召唤，紧密地团结在党组织的周围，为中国的革命事业和新中国的建设默默奉献，扎根在中国，与中国结下了长达半个多世纪的情缘。

第七节　在阜平参加伤员救治工作

1943年10月，白求恩卫生学校和白求恩国际和平医院从唐县的葛公村搬到了阜平县大台村，当时军区42团负责保卫神仙山，他们与日军的战斗非常激烈，每天少则三四个，多则十几个战士负伤，等待救治。白求恩医院和白求恩卫生学校化整为零的小分队——战地医院因为战争的需要就驻扎在一个名叫岭根的山村，顾名思义，这个村子处在山岭的根下。战地医院的主要职责就是负责伤员的医治和救助。虽然战地医院离战斗前线只有五六里，但因为高山峻岭的阻隔，这里仍是一个太平的世界。

傅莱作为一名医疗工作者，也奉命来到这里参加伤员的救治。有一天下午，天空飘着雪花，在两名八路军战士的带领下，傅莱来到了战地医院。当地的村民都没有见过外国人，争先恐后地来到岭根村辛冬林的家里，想目睹一下这个高个子、大鼻子、蓝眼睛的外国人。傅莱进屋后向大家微笑地打了声招呼，连水也没有顾得上喝一口，就对辛冬林说："带我去看伤员吧。"

当时战地医院条件简陋，伤员有的在屋子里，有的在草棚中，有的甚至在山洞里。他不辞辛苦，一个一个走访、观察，了解伤员的病情，向护士交代伤员的伤病应该如何处理。在农民王致英家中，当他得知伤员名叫李来福时，就用熟练的中国话风趣地说："我叫傅莱，你叫来福，我们都有福。抗战胜利后，中国人民一定会迎来一个幸福的社会。"他的一席话，引得大家开心地笑了。

阜平的大台村位于古北岳恒山下，这里山清水秀，风光宜人，村子不大，住着六十来户人家，均以种地为生。这里的群众思想觉悟高，抗日热情高涨，平时农会、妇救会和青救会的活动非常活跃。听到白求恩卫生学校和白求恩医院要搬到村子里来，村民都纷纷主动合房拼屋，把医院的同志接到自己家里居住。傅莱住在了一个叫杨耀义村民的家中，当时杨耀义只有十八九岁，第一次如此近距离地和一个外国人接触，还有点拘谨。傅莱主动上前搭讪："我叫傅莱，比你大几岁，以后你就叫我傅大哥吧。"一句话，将两人的关系拉近了。杨耀义曾好奇地问傅莱："你一个外国人，怎么不在自己的国家，这么老远跑到中国帮着我们抗日？”傅莱哈哈一笑说：“中国、奥地利都是一样的，我们都饱受了法西斯的侵略，你们中国不是有句话叫作‘天下劳苦大众是一家’嘛。白求恩是加拿大人，他不是也不远万里来到了中国，支援中国的抗日运动，他能来中国，我为什么不能？”一句话，说得杨耀义心服口服，从此就一口一声傅大哥地叫着。

傅莱平时的工作非常忙，不仅要给学员讲课，还要给伤员看病，但即便如此，他一得闲还是会主动帮着杨耀义一家干些活计，浇水呀、割谷子呀，就连平时做饭，他也帮着烧火。傅莱还救了杨耀义一命。1943年杨耀义得了肺炎，很厉害，傅莱用炒过的鸡蛋皮擀成面，让他吃，连续数日医好了杨耀义的病。至今，老人说起傅莱还是非常激动，说傅莱是他的救命恩人。

在阜平的那段日子，傅莱一有空就来村民家中与他们交谈，就这样他认识了村中的老中医吕洛。同是医生，同样的救死扶伤的职业本能，让他们有说不完的话。有一天傅莱跟吕洛说：“你是一个中医，我是一个西医，咱们来个中西结合吧。”从此，二人就在中西医的一些技术问题上相互探讨，互相学习。老吕将治疗外伤、烧伤、烫伤等一些土方、偏方介绍给傅莱，傅莱听得十分仔细，还在自己的小本子上做着笔记，有听不明白的地方就不停地询问老吕，直到弄清楚为止。他同样也毫不保留地将自己的一些医学知识告诉了老吕，他将做好的红血球、白血球及寄生虫虫卵的标本，教老吕如何在显微镜下辨认，并给他耐心讲解。有一次，一个病员腹泻呕吐，吃了药也不见好转，高烧不退。吕大夫用刮痧、放血疗法很快止住了腹痛和呕吐，傅莱见后，非常惊讶于中医的神奇功效，以后更加虚心向吕大夫学习。后来傅莱用缝衣针针灸，治疗疟疾，一定程度上受到了吕大夫中医思想的影响。离别时，傅莱送给吕大夫一个皮挎包，吕洛十分珍惜，几十年来他出诊时一直背着，就像傅莱还在自己身边一样。吕洛去世后，他的后人将这个包送还给了傅莱。傅莱将其捐赠给了阜平晋察冀革命纪念馆，至今这个包作为文物还保存陈列在馆内的展厅中。

反“扫荡”胜利后，为了答谢村民们对他的厚爱，1944年的元旦，傅莱特意用奥地利人的手艺，在他的住地做了几个菜来宴请村民代表，一边吃一边谈论，分享胜利后的喜悦。他不停地给大家夹

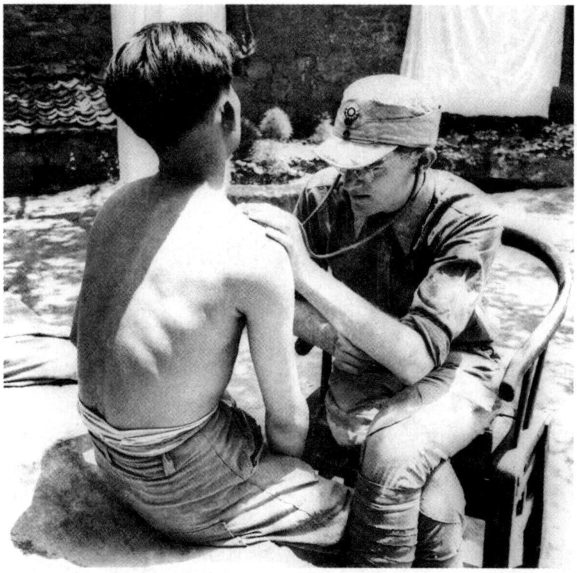

傅莱为战士诊疗伤病（沙飞摄）

菜，还对村民们说："尝尝我们奥地利的菜跟你们中国人的菜有什么不同。"村民们大口大口地吃着，甚至连感谢二字都忘记说了。正在吃饭中，一个妇女急急走进屋里，怀中抱着自己的儿子，孩子发烧，身上热得烫手。傅莱立即放下筷子，跳下炕来，看看孩子的眼和口，摸了摸他的手和头，然后对小孩的母亲说："不用担心，感冒引起的发烧，吃些药就好了。"吃了药，孩子当晚就退烧了。第二天，傅莱还专门去她的家中看望小孩子，这位中年妇女深受感动。

在阜平的这段日子，给傅莱留下了深刻印象，他被军民一心抗击日本帝国主义的决心深深感动，对他们充满了敬佩。后来他每每遇见阜平人，都会竖起大拇指，由衷地赞叹："阜平人勇敢啊！"殊不知，他的助人为乐、献身精神早已为村民所铭记，他治病救人的故事早被村民传为佳话，在百姓心中他是一个"白求恩式"的好大夫。

第八节　采用人工气胸疗法治疗肺结核

肺结核是由结核杆菌引起的一种肺部感染性疾病，也是一种慢性传染病。20世纪30年代在抗结核菌药物（如链霉素、异菸肼、对氨基水杨酸）问世前，治疗此病多采取静养的方式，一般以休息、空气、阳光和富于营养的饮食为主要治疗手段。因为所用药物多只能治表，对结核杆菌本身并无作用，因此疗效不高，仅有25%。加之肺结核病的复发率和病死率都很高，中度和重度肺结核患者在10

年内死亡率达70%~80%。抗日战争时期，在敌后抗日根据地医疗条件非常艰苦，人们患上肺结核病几乎如同患上癌症般恐惧。后来发明了人工气胸压缩疗法，才将肺结核治愈率提高到40%左右。这种疗法的作用机理是向患侧或患叶肺腔注入经滤过除菌的空气，使该处肺脏收缩、松弛，从而使呼吸幅度减小，血液流动减慢，部分或全部停止呼吸活动，加快吸收并导致纤维化，促使病灶愈合，以达到治疗肺结核的目的。

当时，大城市中这种“人工气胸疗法”非常常见，但在根据地，由于条件艰苦，既没有纯氧气，也没有相应的设备，治疗肺结核比较困难。傅莱为了应对这种情况，创造了用打气筒、酒瓶子的土办法实施人工气胸疗法，并用这种办法治好了根据地的很多患者。

时任中共中央党校讲师洛林是接受傅莱土法人工气胸疗法治疗的第一个患者。洛林童年时曾患结核，入伍后每到春天都会吐血，年轻的她从来没有在意。1942年晋察冀第四分区机关干部到唐县的白求恩卫生医院检查身体时，傅莱和柯棣华负责做透视。当时用来做透视的X光室是傅莱大夫利用老百姓浇地的水渠里的水，驱动一台小水轮机来发电的，在水渠上架起一间只能容下两人的小黑屋，装上一台小型X光机，来给八路军的将士们进行肺部检查。这在当时是十分新鲜的事情，洛林跟同事一样在非常好奇的情况下接受了检查，没想到她被傅莱“捕捉”到了，成为人工气胸疗法的受试者。

事情的经过是这样的：在大家检查完身体准备归队的时候，洛林收到了医务人员的一封信，并要她交给单位领导。信中写道：“这个孩子只能再活半年左右。但她还年轻，而且只有一个肺长了肺结核，另一个肺是好的，正符合我们做‘人工气胸’试验的条件。希望见信后，送她到白求恩医院接受治疗……”出于好奇，洛林偷偷看了信的内容，年幼的她害怕得痛哭起来，想到成为医院的试验品，又想到自己仅有半年的寿命，她放声大哭，说什么也不去接受治疗。后来经过单位领导的反复开导，她终于想通了，抱着试一试的思想来到了白求恩医院，配合傅莱做人工气胸疗法的试验。

当时负责给洛林治疗的大夫有两位，一个是傅莱，另一个是柯棣华。傅莱是洛林的主治医生，所以经过较为频繁的接触，洛林与傅莱比较熟悉。为了消除病人心中的恐惧与疑虑，傅莱先为洛林耐心讲解了什么叫人工气胸疗法，然后又亲自带她去人工气胸治疗室参观，给她讲解该方法治疗的原理。

人工气胸治疗室是一间普通的民房，土墙壁和顶棚用报纸糊得严严实实。墙上挂着大大小小十几个酒瓶，瓶子间用橡皮管相连，每个瓶子里灌有半瓶白开水。治疗时，用打气筒从第一个瓶子打进空气，让空气流经十几个酒瓶过滤除菌，而后通过注射器注入病人有病灶的胸腔压缩该处肺组织，使受结核菌侵害的那部分肺叶组织部分或全部停止呼吸活动，加快吸收，并纤维化，以达到治疗肺结核的目的。

手术过程中，傅莱没有给洛林打麻药，让她在清醒的状态下了解了手术的全过程。傅莱用小刀将她右胸下划破，然后举着针管宽慰洛林道：“这是一个只有火柴一样粗细的针，扎入胸腔不会很痛。”果然，在往胸腔里打气时，没有感觉到疼痛，几分钟后停气拔针，手术顺利结束。那时不仅老百姓家里没有蚊帐，就连相当级别的首长也享受不到，只有国际友人才能享受到蚊帐的待遇。傅莱怕术后一叶肺被压平的洛林被蚊虫叮咬，影响身体的恢复，就偷偷将自己的蚊帐拿来挂在洛林床上。为了让她尽快恢复健康，傅莱还嘱咐护士将自己每天喝的羊奶拿给洛林，这在当时整个晋察冀边区算是最优厚的待遇了。

傅莱大夫每天来看洛林两次，询问她的睡眠和饮食等情况，他还将听诊器交给洛林，让她听自己的肺，并耐心地告知 :“有病的肺得到了长时间的休息，会很快好起来。”在享受“超级待遇”和医院细心照料下，洛林身体恢复得很好。不过后来因为鬼子“扫荡”，医院将病人进行了转移，洛林被安排在一个山顶的老乡家中，那时她按照傅莱大夫开列的食疗处方：用豆腐拌大蒜吃，还用扁豆熬小米粥，每天都这样吃，经过一段时间，身体慢慢得到了恢复。

身体恢复后，洛林离开了老乡家，回到了自己的部队。1943年傅莱大夫路过部队所在地时，特意来看“试验人”洛林的情况，因为当时手头没有仪器，无法做进一步的诊治，只能通过聊天的方式了解她的恢复情况。1946年一次偶然的机会，洛林和傅莱在张家口的大街上相遇了，傅莱大夫将她请到了和平医院，透视后发现洛林的肺结核治好了。在艰苦的战争年代，在条件如此恶劣的根据地，傅莱用土法人工气胸疗法治好了洛林的肺结核，这不得不说是一个奇迹，也可见傅莱大夫的医术高明。这个“试验人”今日已经八十多岁，回忆起那段岁月，洛林还满是对傅莱大夫的感激，称傅莱大夫是自己一生不能忘记的救命恩人。

除了洛林，傅莱还救治了很多患肺病的人，老房东杨耀义就是傅莱医治好的。1943年春天，杨耀义得了肺炎，情况十分严重，不能动弹。傅莱用炒鸡蛋皮擀面做成汤面喂他喝，将他医治好，如果没有傅莱，杨耀义可能早已不在人世。小说《火焰》的作者常英由于小时候生活条件差，感染上了肺炎，也是傅莱大夫医治好的。她八岁丧母，被父亲卖到西安西京医院的一个老板家做丫鬟，过着非人的生活，成天劳累，还经常挨打罚跪，受尽凌辱。吃的是掺有少爷小姐鼻涕口水的残汤剩饭，穿的是难御风寒的旧衣破袄，睡的是

2004年洛林在北京家中

太平间停尸房。13岁那年，她在一个共产党员的帮助下进入青训班才得以逃离虎口，来到了延安保育小学和延安中学读书。孰料在1945年她中学快毕业时肺结核复发，咳血不止，高烧不退，面临生命危险，被送到了延安学生疗养院。她的朋友在危急之中来到延安中国医科大学向傅莱医生求助，得知常英的情况后，傅莱立即骑上一匹枣红色的大马赶到疗养院病房对其进行检查，并开了药。按照傅莱大夫的吩咐，服药3~4天后，常英胳膊的肿胀消退了，也不发烧了。不到一个月，她的病就痊愈了，走上了自己的工作岗位。不久之后，傅莱和他的夫人赤足涉水，徒步数里专程赶到常英工作的新华书店来看望她，让这位昔日苦命的孩子感受到了党的关怀和国际

傅莱晚年重返边区，看望老房东杨耀义

友人的温暖。她十分激动地握着傅莱大夫的手说："谢谢您治好了我的病，我一定加倍努力工作，以报答您对我的关心。"这几句话不是套话，而是常英心灵深处的真切话语。

傅莱用自己精湛的医术服务根据地和边区的军民，用人工气胸疗法救治了很多肺结核患者，使很多人大受其益，体现出一名国际主义战士的救死扶伤、生命至上的高尚医德和崇高奉献精神。

第九节　抵达革命圣地延安，成功研制粗制盘尼西林

1944年秋，傅莱受组织派遣到达革命圣地延安，向朱德总司令等汇报了前方的医疗卫生情况。在此期间，毛泽东主席还偕夫人和孩子前来看望他。傅莱向毛主席汇报了自己在边区的工作情况，在长达两个小时汇报中，毛主席一直在认真地倾听，还不时插话进行询问。由于主席说话有湖南口音，傅莱并不是每句话都能很好地理解。主席对傅莱说："你工作得很好！以后有什么问题就找胡耀邦和杨尚昆好了。"这是对他工作的最大肯定，也是对他最好的关心。

后来傅莱被安排在延安中国医科大学传染内科开展教学和医疗工作。当时药品来源极端困难，傅莱就一边教学、治病，一边开展科研工作。1945年初，他带领王学礼和宋同珍两位助手，在延安中国医科大学创建了生化实验室，利用美国援华委员会寄来的盘尼西林（青霉素）的菌种和部分资料，尝试研制外用青霉素。

在旧中国，医药工业落后，不能生产青霉素，没有抗生素，抗

战期间销到国统区的美制青霉素比黄金还贵。面对高昂的价格，平民百姓根本用不起，只有达官富豪才能用得起。一方面是百姓急需，一方面又极度奇缺，面对这种情况，傅莱于1945年和1946年先后在延安和张家口主持研制了粗制青霉素，并成功用于临床。

实验成功后，傅莱冒着遭受敌机轰炸的危险，亲自将研制的青霉素送往前线，用于抢救战伤、骨折、感染、化脓、发高烧的危重伤员。前方和边区各医院运用傅莱与他的助手研制成功的青霉素，治疗战伤感染、败血症、脓胸、肺炎、淋病等感染性疾病，取得了很好的疗效。

傅莱是中国研制粗制青霉素和外用青霉素的先驱，他研制的粗制青霉素仅比英国晚了5年，比美国晚了3年。当时中国条件非常艰苦，根据地的条件就更为困难，在如此缺衣少药，物质奇缺，又炮火连绵的战争时代能够制造成功，实在是一件不易之事。在成功的背后，傅莱和他的两个助手付出了巨大的努力，其间也经历了多达五十多次的失败，但傅莱没有气馁，凭借着顽强的意志继续钻研，每当实验进行得不顺利时，他总是信心百倍地与大家探讨，认真总结，找出失败的原因，定出改进方案，再次实验，直到成功。除了每天的生产劳动外，傅莱和他的助手还要定时进行物理、化学及生物的多种参数测定，并根据测定的参数来了解药物产生菌的代谢变化，调控生产，从而摸索出一套行之有效的研制工艺。

是什么驱使傅莱在如此艰苦的条件下尝试研制粗制青霉素和外

用青霉素呢？时任晋察冀军区医药指导委员会[1]委员的傅莱，除了完成繁重的教学、医疗和科研任务外，还经常要下战区，到前线了解情况，检查卫生工作。两年的时间内，他几乎走遍了边区大部分地方和部队野战医院、后方医院、急救手术站、休养所和卫生队，看到了敌后边区缺医少药的严重状况。在残酷的战争中，人的血肉之躯无法抵挡无情的枪炮。战区卫生条件很差，伤员转到野战手术点时，大多已出现继发性感染。大批在战场上英勇杀敌的战士受了伤，因为缺乏有效的抗菌药物，不得不忍受痛苦，有的甚至致残和危及性命，连国际主义战士白求恩也因为在抢救伤员时左手被手术刀割破而感染殉职。看着这些在沙场奋勇杀敌的英雄，因为无药医治而逝去，傅莱非常痛心。一个医生的良知和国际主义战士的责任感，促使傅莱去尽快制出高效、救命的抗菌药。

在得知医治战伤和多种感染病的特效药青霉素1941年开始在英国用于临床，1943年大量用于盟军战场时，傅莱暗暗发誓，决心要克服任何困难，自力更生，在抗日根据地将青霉素研制出来。他先利用自己“美国援华联合会（United China Relief，简称UCR）”晋察冀代表的身份，请“美国援华会”（China Aid Council，简称CAC）帮助他向英美有关部门索取青霉菌菌种和相关资料。1944年冬，美国援华委员会提供的物资运到了陕甘宁边区，其中有1个蒸汽消毒锅、

1　该委员会是边区最高医药技术指导机关，是边区医药界的权威机构。它的任务是协助军区卫生部负责指导医学教育，提高医疗技术，推进卫生建设。

6管青霉素菌种培养物、琼脂培养基、乳糖、玉米淀粉、碳酸钙，还有关于研究青霉素的资料。获取了这些资源后，傅莱制定出了粗制青霉素的开发研制计划，报陕甘宁边区政府批准立项后，带领王学礼、宋同珍两位助手，在延安城东柳树店的窑洞的斜对面自己动手建起了生化研究室（土法生产粗制青霉素的小作坊）。他们战胜了常人难以想象的困难，在没有现代厂房，没有功能齐全的发酵机械设备，没有精密的测试仪表，也没有自动反馈监控装置，连铁钉和缝衣针都不能生产的穷山沟内，在设备极其简陋的窑洞里，用了不足一年的时间研制出了在工业和科学技术高度发达的英美、用了13年才研制出的、极为珍贵的抗菌特效药。

在研制过程中，他们遇到了很多难题。傅莱凭着一种“没有攻克不下的碉堡，没有克服不了的困难”的信念，克服重重难关。没有培养细菌的恒温设备，傅莱就本着经济节约、科学适用的原则，精心设计建造了一台“特大型土制恒温培养箱”（土法研制青霉素的实验作坊）。整个土作坊宛如一个特大的分格式恒温培养箱，室内隔出一个无菌通道（连通一个隔离缓冲间）和分别有门与之相通的几个小间。每间密闭，装上玻璃窗。地面下是个外面烧火控温的地炕。工作前，先对室内做彻底杀菌消毒并调到所需温度，然后分别放入盛有培养基并经灭菌的斜面母瓶、摇瓶、种子罐、繁殖罐及发酵罐等试验及生产器具。工作人员从户外入室，先进到隔离缓冲间，换上无菌隔离衣裤帽鞋，洗手戴口罩后再进入无菌通道，从无菌通道推门进入恒温工作间。整个操作过程要严格按照规程进行，

NEWS OF CHINA

UNITED CHINA RELIEF

VOLUME 5, NO. 1 | *Member Agency of National War Fund* | JANUARY, 19

CHINA'S HOPE — AND HUMANITY'S RESPONSIBILITY

Friends Get Supplies To Hunan Sufferers

Hardships and Lack of Facilities Face China's Students At Start of New Year

The enthusiasm with which the college students of China greeted victory and peace has ebbed to bitter realization of hardships undiminished and manifold problems unsolved, according to reports reaching United China Relief from the interior.

Ragged and meager clothing, straw sandals, mounting living costs, lack of the most ordinary facilities, and the ever-present menace of malnutrition and disease—these compose the lot of many thousands of the earnest and ambitious youth of China which prompts an "open letter" by Chinese student relief workers, that says in part:

"We ask you Americans for a new and redoubled effort in the generous task you have assumed of helping students in China. Student relief here has helped tens of thousands in wartime; in peace-time it will insure the development of a better standard of student life—so necessary if Chinese students are to play the

(Continued on page 2)

China's First Penicillin Is Developed Through CAC's Dramatic Teamwork Plan

The first penicillin ever developed in China has gone to work saving lives in the Border Region, thanks to a dramatic program conceived and carried into effect by American scientists working with China Aid Council.

Kung Hsi!

China will celebrate its 4643rd year as a nation on February 2, according to the lunar reckoning of time. By this reckoning, time is measured by the moon's journey around the earth, rather than by the earth's course around the sun.

This year there is no war to dim the New Year's festivities and once again joyous family gatherings will be held and the dragon will dance again.

"Kung Hsi"—Congratulations!

Lohui Canal to Operate

Dr. Richard Frey

Meanest Thief Sought

Chinese Risked Lives To Save Downed U. S. Fliers

Greetings from Mary Ferguson

UCR PROBLEMS ON THE GROUND in China were discussed at a recent Chungking conference of the principals pictured here. Left to right: Henry R. Luce, editor of Time, Life, and Fortune magazines and UCR Board member; Dwight W. Edwards, UCR vice-president and field director in China; Harry B. Price, assistant director of UNRRA in China.

Member Agency National War Fund

宋庆龄主办的英文报刊《中国新闻》对傅莱研制青霉素的报道原文及当期的封面

孢子制备、种子制备、摇瓶研究、发酵罐逐级放大实验，直到青霉素生物合成。没有功能齐全的不锈钢发酵罐，就用1升、2升、5升、10升以及20升的小口玻璃瓶代替。为保证培养液供氧，就在较大的发酵瓶中放入小体积的培养液（1升瓶中只放入0.1~0.2升，2升瓶中只放入0.2~0.4升）。没有搅拌器和摇床，他们就定时进入恒温培养间，抱着发酵瓶振摇；没有空气压缩机，就用打气筒人工打气；没有空气过滤器，就用打气筒把空气先通过一个装有无菌棉花和滤布的小管除菌后，再通入发酵罐底部，以保证溶液中有足够的溶解氧。制造青霉素的温度最好是在22℃到26℃之间。延安冬天很冷，室内温度一般只在0℃左右，唯一的取暖设施就是火炉或炭盆，这些都不适宜细菌培养。于是，傅莱想了一个办法，在地板下面通上管道，在室外生上火，培养细菌的恒温箱就是采取这个方法制成的。

培养青霉菌研制青霉素不是一件容易的事情，傅莱和他的两个助手每天在实验室的工作时间都在10个小时之上，那时他的大儿子傅培德（“培培”）刚满月，妻子上班单位远，没有时间照顾孩子。傅莱喂完孩子奶就将他放在一只筐箩里，在阳台上晒太阳睡觉，有些女学员有空会去帮忙照看一下。就这样，傅莱克服各种困难，经过一年的时间，研制出了外用青霉素。

傅莱研制出青霉素后，伤员因为传染和感染而死亡的案例越来越少，缓解了我军缺乏外伤用药的困难。为了表彰傅莱为我军战斗作出的巨大贡献，边区政府林伯渠主席、副主席李鼎铭亲自褒奖了傅莱。宋庆龄主办的英文报刊《中国新闻》和《解放日报》等先后

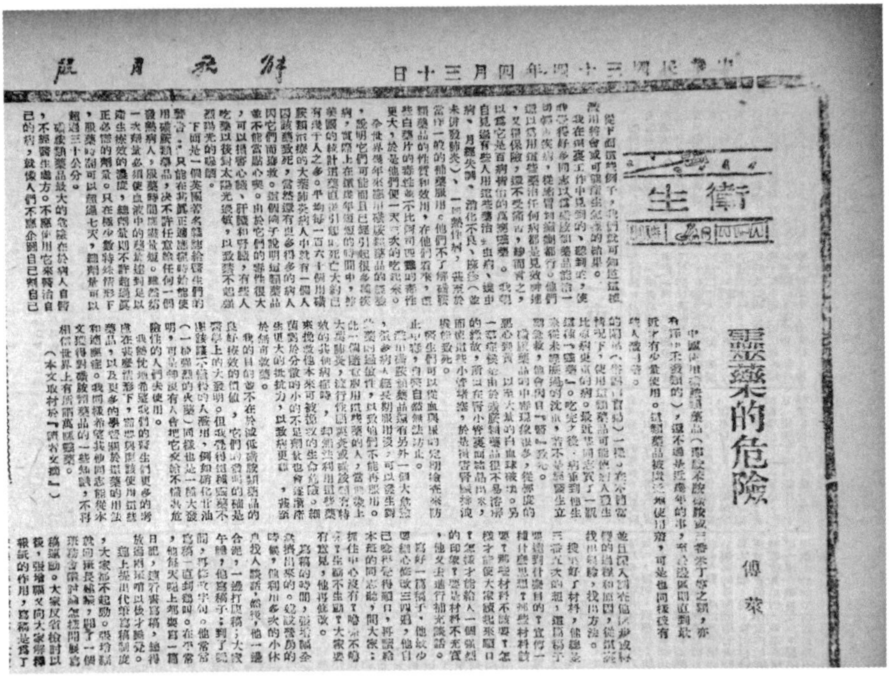
解放日報
中華民國三十四年四月三十日
衛生
靈藥的危險
傅萊

1945年4月30日《解放日报》中傅莱发表的文章

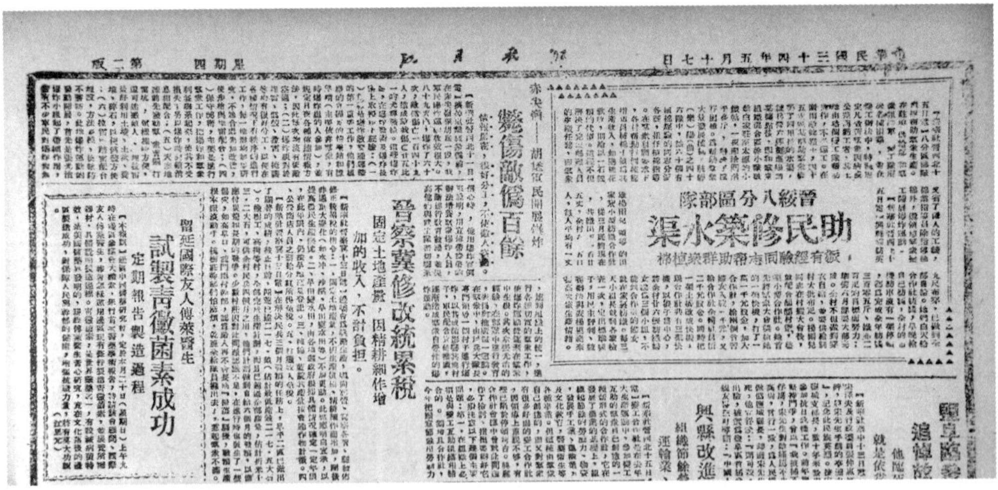
解放日報
中華民國三十四年五月十七日　星期四　第二版
晉綏八分區部隊
助民修築水渠
擊傷敵僞百餘
晉察冀修改統累稅
固定土地產量，因精耕細作增加的收入，不計負担。
留延國際友人傅萊醫生
試製青黴菌素成功
定期報告製造過程

1945年5月17日《解放日报》对傅莱试制青霉素成功的报道

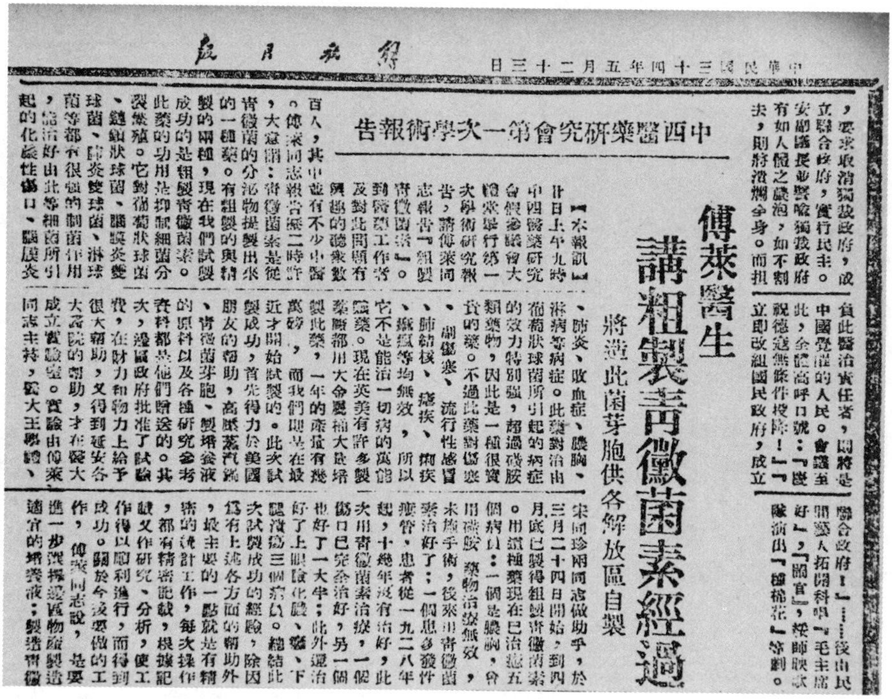

解放日報

中華民國三十四年五月二十三日

，要求取消獨裁政府，成立聯合政府，實行民主。安副議長亦警喻獨裁政府有如人體之膿泡，如不割去，則將潰爛全身。而担負此醫治責任者，則將是中國覺醒的人民。會議至此，全體高呼口號：「慶祝德意無條件投降！」「立即改組國民政府，成立聯合政府！」……後由民眾藝人拓開科唱「毛主席好」、「翻官」，楊師院歌隊演出「摘棉花」等劇。

傅萊醫生講粗製青黴菌素經過

將造此菌芽胞供各解放區自製

中西醫藥研究會第一次學術報告

【本報訊】廿日上午九時中西醫藥研究會假參議會大禮堂舉行第一次學術研究報告，請傅萊同志報告「粗製青黴菌素」。到會醫藥工作者及對此問題有興趣的聽衆數百人，其中並有不少中醫。傅萊同志報告歷二時許。大意謂：青黴菌素是從青黴菌的分泌物提製出來的一種藥。有粗製的與精製的兩種，現在我們試製成功的是粗製青黴菌素。此藥的功用是抑制細菌分裂繁殖。它對葡萄狀球菌、鏈鎖狀球菌、肺炎雙球菌、腦膜炎雙球菌、淋球菌等都有很強的制菌作用，能治好由此等細菌所引起的化膿性傷口、腦膜炎、肺炎、敗血症、膿胸、淋病等病症。此藥對治由葡萄狀球菌所引起的病症的效力特別強，超過磺胺類藥物，因此是一種很寶貴的藥。不過此藥對傷寒、副傷寒、流行性感冒、肺結核、瘧疾、痢疾、癩瘋等均無效，所以它不是能治一切病的萬能藥。現在英美有許多製藥廠都用大規模大量培製此藥，一年的產量有幾萬磅，而我們則是在最近才開始試製的。此次試製成功，首先得力於美國朋友的幫助，高壓蒸汽鍋、青黴菌芽胞、製培養液的原料以及各種研究參考資料都是他們贈送的。其次，邊區政府批准了試驗費，在財力和物力上給予很大幫助，又得到延安各大醫院的幫助，才在醫大成立實驗室。實驗由傅萊同志主持，醫大王學總、宋同珍兩同志做助手，於三月二十四日開始，到四月底已製得粗製青黴菌素。用這種藥現在已治癒五個病人：一個是膿胸，曾用磺胺藥物治療無效，未施手術，後來用青黴菌素治好了；一個患多發性瘡瘍，患者從一九二八年起，十幾年沒有治好，此次用青黴菌素治療，一個傷口已完全治好，另一個也好了一大半；此外還治好了上眼瞼化膿、腦下……三個病人。總結此次試驗成功的經驗，除因為有上述各方面的幫助外，最主要的一點就是有精密的統計工作，每次操作都有精密記載，根據記錄又作研究、分析，使工作得以順利進行，而得到成功。關於今後要做的工作，傅萊同志說，是要進一步選擇邊區物產製造適宜的培養液；製造青黴……

1945年5月23日《解放日报》对傅莱研制粗制青霉素经过的报道

对傅莱成功研制粗制青霉素进行了报道，美国援华联合会（UCR）编辑出版的《中国新闻》（*News of China*）第5卷第1号也进行了报道："中国粗制青霉素开发研制成功……延安中国医科大学医生理查德·傅莱负责领导了这项研制任务"（China's First Penicillin is Developed...Dr Richard Frey of the Yanan Medical School in Charge of Work in China）。1945年5月20日，在边区参议会大礼堂举行的首次医药学术报告会上，傅莱介绍了粗制盘尼西林的研制过程。

傅莱的这项发明，不仅缓解了边区缺医少药的现状，同时也使得傅莱这位洋大夫美名远扬。当时傅莱的教学工作是非常紧张的，

于力赠予傅莱的晋察冀边区参议会周年纪念

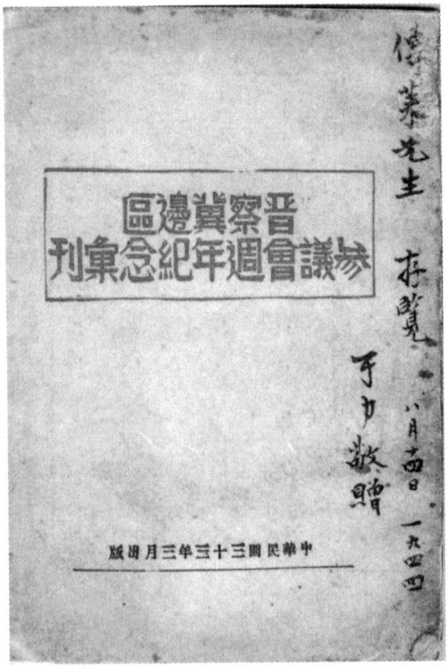

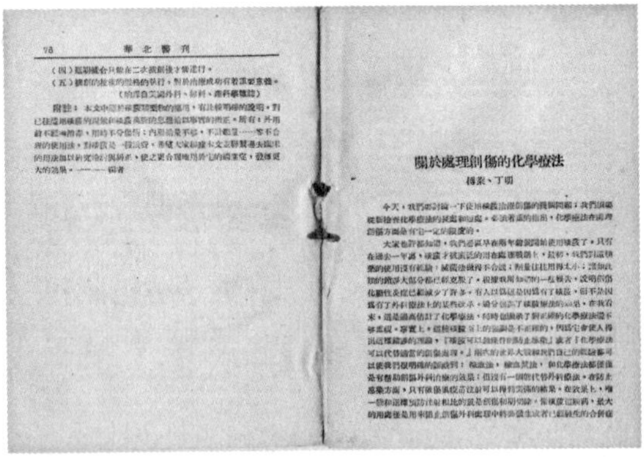

傅莱在《华北医刊》发表的文章

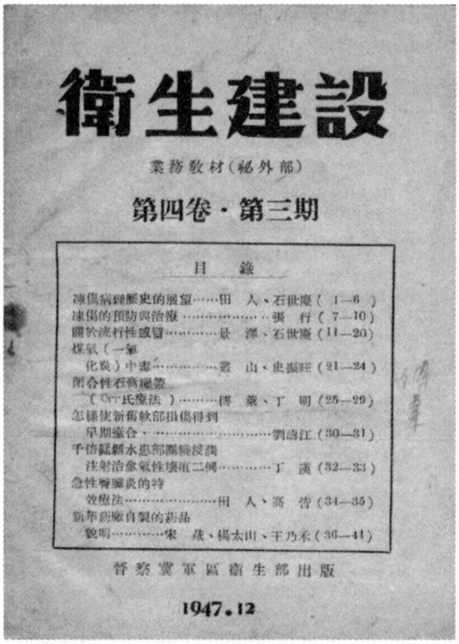

衛生建設

業務教材（秘外部）

第四卷·第三期

目錄

晉察冀軍區衛生部出版

1947.12

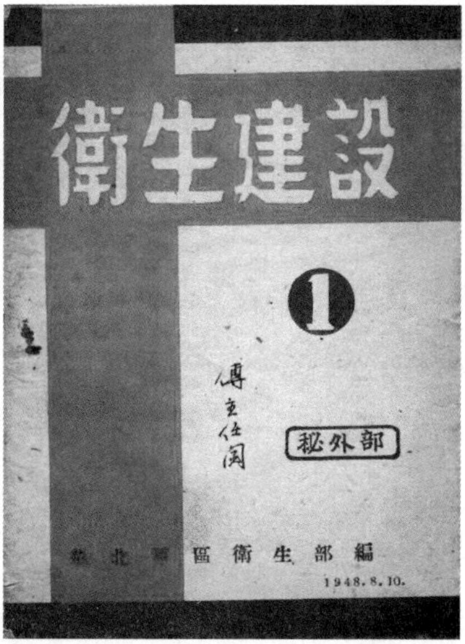

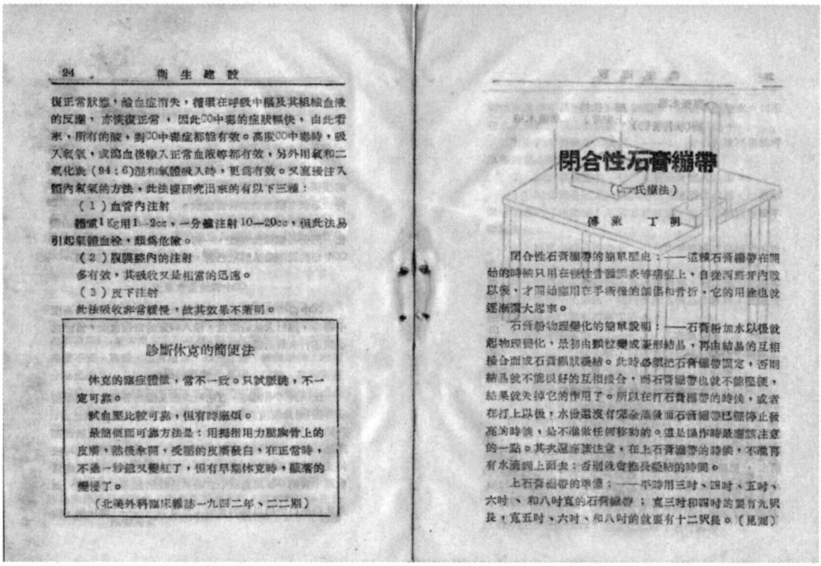

24 衛生建設

復正常狀態，缺血症消失，循環在呼吸中樞及其組織血液的反應，亦恢復正常，因此CO中毒的症狀解決，由此看來，所有的酸，對CO中毒症都能有效。高度CO中毒時，吸入氧氣，或瀉血後輸入正常血液等都有效，另外用氧和二氧化炭（94：6）混和氣體吸入時，更為有效。又直接注入體內氧氣的方法，此法據研究出來的有以下三種：

（1）血管內注射

體重1Kg用1—2cc，一分鐘注射10—20cc，但此法易引起氣體血栓，頗為危險。

（2）腹膜腔內的注射

多有效，其吸收又是相當的迅速。

（3）皮下注射

此法吸收非常緩慢，故其效果不著明。

診斷休克的簡便法

休克的臨症體徵，常不一致。只試脈跳，不一定可靠。

試血壓比較可靠，但有時麻煩。

最簡便而可靠方法是：用拇指用力壓胸骨上的皮膚，然後拿開，受壓的皮膚發白，在正常時，不過一秒鐘又變紅了，但有早期休克時，顯著的變慢了。

（北美外科臨床雜誌一九四二年、二二期）

閉合性石膏繃帶

（Orr氏療法）

傅萊 丁明

閉合性石膏繃帶的簡單歷史：——這種石膏繃帶在開始的時候只用在慢性骨髓炎等病症上，自從西班牙內戰以後，才開始應用在手術後的創傷和骨折，它的用途也就逐漸擴大起來。

石膏粉物理變化的簡單說明：——石膏粉加水以後就起物理變化，最初由顆粒變成菱形結晶，再由結晶的互相接合而成石膏網狀凝結。此時必須把石膏繃帶固定，否則結晶就不能很好的互相接合，而石膏繃帶也就不能堅硬，結果就失掉它的作用了。所以在打石膏繃帶的時候，或者在打上以後，水份還沒有完全蒸發而石膏繃帶已經停止發熱的時候，是不准做任何移動的。這是操作時最應該注意的一點。其次還應該注意，在上石膏繃帶的時候，不准再有水滴到上面去；否則就會拖長凝結的時間。

上石膏繃帶的準備：——平時用三吋、四吋、五吋、六吋、和八吋寬的石膏繃帶；寬三吋和四吋的要有九呎長，寬五吋、六吋、和八吋的就要有十二呎長。（見圖）

傅莱在《卫生建设》发表的文章

他经常骑马去延安城开会，还先后为不少领导人看过病。他不仅具有丰富的教学经验，而且有高明的医疗技术、革命人道主义的医德，受到了军民和领导的普遍好评。

第十节　解放战争时期的傅莱

1945年11月抗战胜利后，傅莱奉命到达张家口，任华北军区卫生部顾问，一边教学，一边搞科研。解放战争时期，在攻打太原和天津的战役中，傅莱带着听诊器和X光设备，冒着枪林弹雨，不顾个人安危，担负起了战地第二线的医疗救护任务，在硝烟弥漫的战场上抢救了一个又一个伤病员的生命，立下了汗马功劳。

傅莱还参加了大同战役等一系列的战役，作为一名医生，他主要担任战地救护工作，救治了大量伤病员。

1946年秋天，他利用美国援华委员会寄来的青霉素菌种和部分资料，成功地研制出粗制盘尼西林，缓解了解放区外伤用药紧张的状况。为了支持大同战役，傅莱将自己研制的粗制青霉素混悬液用到前线伤员身上，在夜间，傅莱搭乘开往西线的军用列车，亲自把刚制好的粗制青霉素药剂送到了在大同前线执行任务的白求恩国际和平医院第二分院。当时医院正在做一个股骨上段开放性骨折牵引固定治疗，手术失败，已化脓感染，需要尽快截肢以保全伤员性命，但当时病人正在发烧，体质虚弱，难以支撑手术。傅莱及时送来的青霉素犹如雪中送炭，增加了医生给患者手术的信心。病人的创口敷上傅莱带来的青霉素混悬液纱布后，第二天体温就下降了，精神也变好了，食欲也增加了。在给病人换药时，医生发现患者体温已下降，肉芽也成长良好，第二次手术时，伤员的精神状态有明显改善，恢复了健康。（张野胜讲述）

除此之外，他还以解放区救济总会晋察冀代表的身份不失时机地从山东沿海将许多医用物资运回华北解放区。而后，在“打倒蒋介石，解放全中国”的隆隆炮声中，他跟随邓小平从华北向西南进军，最后留在重庆从事卫生管理和教学工作。

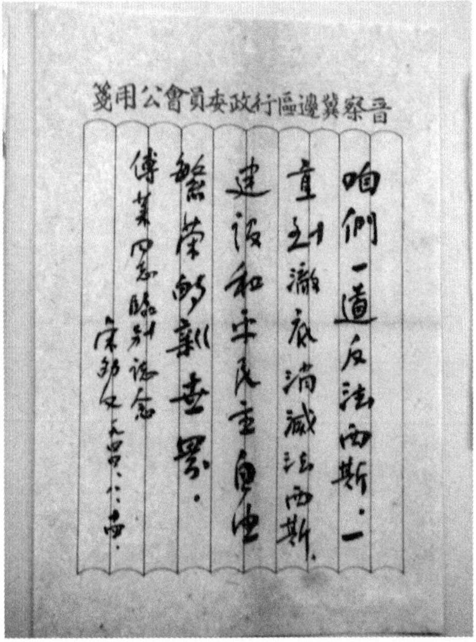
晉察冀邊區行政委員會公用箋

咱們一道反法西斯，一直到澈底消滅法西斯，建設和平民主自由繁榮的新世界。

傅萊同志臨別紀念

朱劭文

朱劭文写给傅莱的临别留念

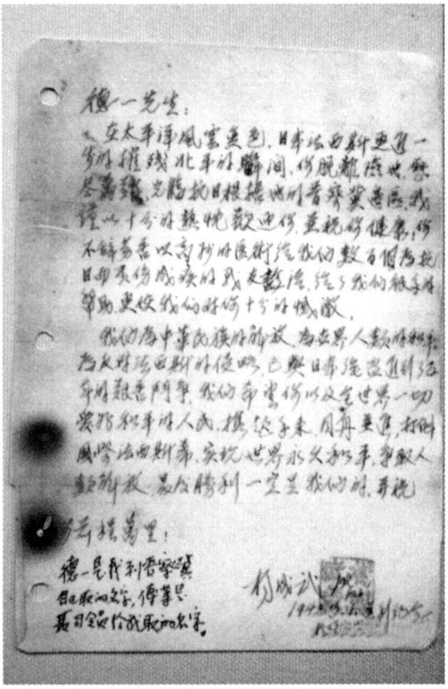
德一先生：

杨成武

杨成武写给傅莱的信

第三章　继续致力于新中国医药卫生事业

第一节　新中国第一次人口普查，毅然加入中国国籍

1953年4月3日，中华人民共和国进行了第一次全国人口普查，傅莱利用这个机会，毅然加入了中国国籍，完成了从一位国际友人到中国人的转变，成为了中国人民的一分子，从此享有中国公民的一切权利和义务。当时中国刚刚解放，物质条件比奥地利落后一大截，傅莱家乡的很多朋友都劝他回国，继续深造，发展自己的事业，但傅莱没有动摇。他很坚定，他知道回到奥地利自己也许会更加富有，也许会获得更多的发展机会，但他觉得自己再也找寻不到在中国艰苦岁月中建立起来的人与人之间的那种真诚的感情与友爱的精神了。在加入中国国籍，正式成为一名中国公民时，他自豪地对朋友们说："中国是我的第二祖国！"他已然将自己的命运同中国人民的命运融合在了一起。

第二节　任重庆市卫生局顾问，深入西南地区进行钩虫病的防治

解放战争胜利后，他和钱信忠等同志从华北来到了大西南，在四川重庆担任了西南军政委员会卫生部公共卫生处的负责人。50年代担任重庆市卫生局顾问，并被重庆市卫生局聘请为本局医学科学

研究委员会委员，在中国大西南进行钩虫病的防治工作。

20世纪50年代初，美帝国主义在朝鲜西部以及与朝鲜相邻的中朝边界地区实施了灭绝人性的细菌战，将大量带有鼠疫、霍乱、天花、伤寒等烈性传染病菌的老鼠及病媒昆虫制成生物战剂投放到中朝领土，妄图以传染病大规模流行夺去中朝百姓的无辜生命。毛主席、周总理针对美帝国主义的罪恶行径采取了相应的对策，号召全民动员起来，讲究卫生，以减少疾病的困扰。时任世界和平理事会副主席、中国科学院院长郭沫若先生还写出了一曲《消灭细菌战》，在当时唱遍中华大地，激发了人民团结一致反细菌战的决心。

重庆地处中国西南，空气潮湿，农村地区的卫生条件艰苦。1952年2月下旬，在重庆市第三区山洞镇、杨森公馆、刘谷芳坟坡和老鹰岩的山头上，突然出现了当地村民从未见过的大量蚊虫、苍蝇等，非常可疑。西南军区卫生部防疫卫生处接到报告后，立即命令军区防疫大队出动，希望能尽快了解病媒昆虫的起因，尽早消灭，以防止向周边地区的蔓延，同时注意控制事态的发展。

经调查走访、观察和调查，西南军区卫生部防疫卫生处的同志得知当地居民很多都患上了钩虫病。这种病是由十二指肠钩口线虫或美洲板口线虫寄生于人体小肠所引发的一种寄生虫病，俗称黄肿病、懒黄病。患病人员常表现出贫血、营养不良、胃肠功能紊乱、劳动能力下降等症状，严重时还会引发心功能不全或儿童发育障碍。钩虫病当时已遍布全球，约有10亿人感染，多发生在热带亚热带地区，尤以发展中国家居多。重庆的农村地区感染钩虫病的人很多，主要是因为重庆的环境温暖、潮湿，而农村的卫生状况又比较糟糕，这些都有助于钩虫病的产生和发展。十二指肠钩口线虫常咬附在肠黏膜上，通过吸血寄生，造成病变。雌虫日产卵1万个以上，然后随着人体大便排出。村民为了省钱，通常用人粪代替化肥，而又不对人体排出的粪便作任何处理就施到地里。虫卵在潮湿、温暖的环境中在24~48小时内就发育成了杆状蚴；在5~7天内，经两次蜕皮就发育成为了具有感染力的丝状蚴。丝状蚴活动能力强，可以存活数周，当与人体皮肤或黏膜接触时就侵入了人体。钩虫蚴随淋巴液和血液回流到右心和肺部，在肺部穿破毛细血管到达肺泡，再循气道上升到咽部，随吞咽活动经食道进入小肠。再经过3~4周后，幼虫发育为成虫，钩附于肠黏膜吸血、产卵，寿命可达2~5年。如此恶性循环，造成钩虫病的流行不断。

此病的主要防治措施就是要消灭传染源、切断传染途径，在流行区实行普查，人畜粪便分坑，在将人粪施到地里之前要先进行处理。此外，还应该加强卫生宣传，作好个人的防护和个人卫生，提倡穿鞋下地劳作。针对农村发病率较高的状况，政府多次组织医生下乡进行钩虫病的防治工作，送药上门，免费治疗。尽管如此，还是遇到了重重阻力。当时农村贫困，施肥多用人粪，且没有经过无害化处理；由于惧怕驱虫药带来的副作用，患者不愿服用，给防治工作带来了不少阻力。

傅莱当时任重庆市卫生局顾问，主要分管钩虫病的防治。为了指导基层工作的开展，傅莱经常亲自到发病地区进行调查。1958年春，傅莱亲自到重庆市南桐矿区万盛卫生区（即后来的南桐矿区人民医院）调研钩虫病的防治。当时他同援助医生和当地的民众同吃同住，真可谓是同甘苦、共患难了。身高1.92米的他，一般的床铺长度不够，晚上就临时把门诊部两把长条丝椅并拢来，加在床头处，铺上棉被就成了加长床。虽然在吃和住等方面的条件艰苦，但傅莱一点都不介意，他整个心都放在了疾病的防治工作上。每天晚上他都要陶思维（傅莱曾经的战友，当时在南桐矿区进行钩虫病的防治）将第二天要去调查的地方的基本情况告诉他，以便做到心中有数，使次日的工作能够顺利开展。

有一次，他听完陶思维的工作汇报后，作出了一个决定，要到

50年代，傅莱在重庆工作时的照片

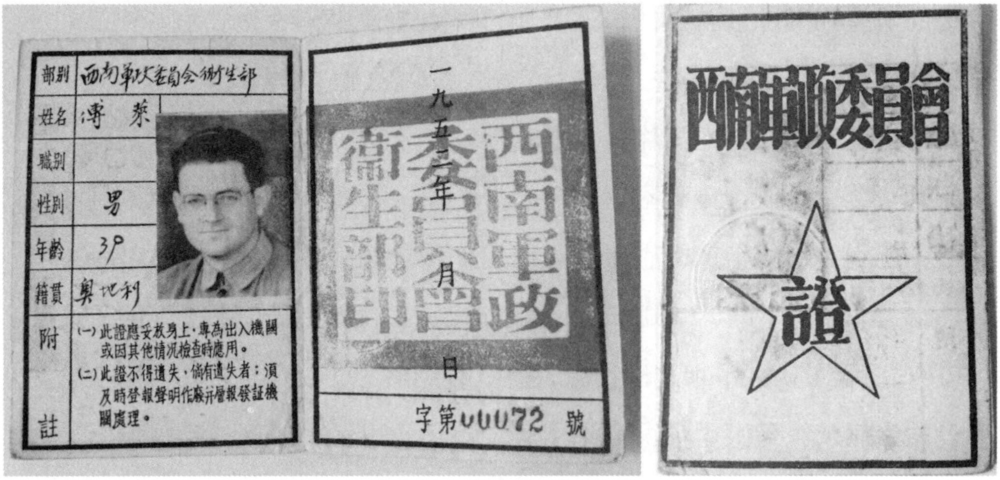

傅莱在西南军政委员会卫生部的工作证

他搞的钩虫病防治工作试点——建设乡五一高级农业生产合作社去看一看。当天上午，就在六井坝霍家祠堂老乡公所开了一个座谈会。到会的男女社员共30人，他们都是曾经受过钩虫蚴感染、打过“粪泡”（钩虫蚴感染）、作过大便检查呈阳性、服过驱虫药的村民，此外还有跑来看“苏联专家”（他们误将蓝眼睛、大鼻子、高个子的傅莱当成了苏联专家）的小社员们。为了用实例来说服民众，傅莱在会上选择了曾经患钩虫病的社员陶海清来了一次现身说法。陶海清患钩虫病已有3年时间，发病这段时间内面黄肌瘦、脚肿、体虚、上坡累。大便检查出钩虫卵时，他拒不服药，医生多次上门宣传才做通他的思想工作。后来他积极配合医生的治疗，按时服药，还主动将解下的大便送到医生处化验。医生将其粪便放在箩筛里，拿到水田里淘洗出了钩成虫。服药后，他的粪便里再也没有虫子了。现场的实验和陶海清自己的讲述，让村民更加信服，纷纷表示要积极配合治疗。运用实例对村民进行宣教，取得了良好的效果。傅莱当场肯定了医护人员的工作。会上，他宣传了钩虫病的危害及防治的好处。会后，他亲自到附近生产队社员家，查看人畜粪便分坑的情况，还到黄荆湾生产队查看陶思维用作钩虫蚴分离的试验地，鼓励他继续做好防治工作。临离开南桐矿区时，傅莱拉着陶思维的手说："我看了矿区平坝地区情况，但没有到山区，对边远贫困山区农民的疾病及医药卫生情况还不了解。我还想以后抽时间，到你们经济最落后的贫穷山村去走一走，看一看。"

没想到半年之后，傅莱临走时的愿望实现了。1958年8月下旬的一天，傅莱在区劳动科赵正芳、区卫生科李洪基还有李开智医生的陪同下，一行四人前往茶园调查情况。茶园是南桐矿区最边远的贫困山区，距区政府41公里，距镇政府25公里山路。山高坡陡，海拔在710~1664.4米，地广人稀，342户人家1325人分散居住在30132亩的土地上。该地区土壤贫瘠，经济贫困，粮食产量很低，坡度在25度以上的山坡地占耕地面积将近90%。20世纪五六十年代，由于自然灾害等人为的因素，不少农民吃不饱穿不暖，每年2~3月青黄不接之时就上山挖野菜、蕨根充饥。当地雨天多，晴天少，空气潮湿，每家每户靠烧树头火炕取暖，无衣洗换，一件衣服常常是穿上就不脱。有的人家没有被盖，就将插秧剩的秧苗晒干，编织成秧毡来盖，无油点灯，就将松树上含松油多的结头锯下晒干，劈成小块用来点灯。由于经济贫困，生活条件和卫生状况都很差，不少人家都有虱子和跳蚤，钩虫病也在一些人群中存在。

茶园地处山区，竹木茂密，野草丛生，森林面积占到了70%以上，山间曾有猛兽出没。农家房前屋后散养的牛羊，常常遭到野兽袭击，因此每户人家一出门，就得下坎走山间小路。路边杂草遮路，人要经过，需要先用棍子拨开野草，打掉水珠方可。要到茶园去调查，必须要克服山路的崎岖、险阻。傅莱四人一早就出发了，先在万盛乘坐吉普车，开了20公里后来到青年乡，下面的路只能靠徒步前行了。他们走山路、爬山坡，经过堰口村、板辽村，爬过猪行村，走了四个多小时，到了海拔1524米的著名山隘——南天门。傅莱当时十分兴奋，拔出随身携带的聂帅配给他的“柯尔特”自卫手枪，朝天就放，口中大声喊着：“我到了南天门！我上天了！我要见玉皇大帝了！”直到打光枪中的所有子弹。休息片刻后，他们继续赶路，山路的起伏渐渐小了些，路也稍微好走了一些。他们走过属于贵州境内的无人居住区，走过倒流水来到柏杨坪，再往前走过鸡爬坎、高照头，最终来到了乡公所驻地茶杨坪庙子。从青年乡到茶园乡茶阳坪近23公里，由于山路崎岖难走，经常翻山越岭，常走这条山道的乡村邮递员要走完这段路程，都要用5个小时，他们用了6个小时走到了，可见他们的急切之情。

乡党委胡德明书记、陈树全乡长、杨能灿公安员和乡文书兼会计柯斗奎，热情接待了傅莱一行。他们被安排住在了庙上，同乡干部一起和旁边一家农户成国才家搭伙，成的妻子刘照碧负责给他们做饭。傅莱没有享受特殊照顾，他跟大家一样，吃苞谷沙沙饭、白

傅莱在重庆南桐矿区等地进行流行病调研

水煮青菜蘸盐，由于不习惯吃辣，他每顿不吃辣椒。吃完饭，他们就由乡长和公安员陪同下到生产队，挨家挨户地调查社员的疾病和钩虫病的感染情况。他们一行4人在茶园乡住了4天，爬大坡、走山路，先后走访了茶杨坪、青龙嘴、游家湾、水井湾、大合土、柏杨坪等七八个生产队。调查结束后，他们按照原路返回到出发地万盛。见到留守在建设乡乡公所准备会议资料的陶思维，傅莱高兴地说："茶园乡之行，收获真不小，那个山区也有人患钩虫病，不少人都已经打过'粪泡'，我们防治钩虫病的工作做得很好，不但坪坝区作好了防御，那些边远的贫困山区也深入到了。这对于山路崎岖、步行四五个小时才能达到医疗点就诊的人们来说十分不易了。"

在西南地区工作时，傅莱经常深入到边远农村和少数民族地区指导基层工作，了解钩虫病等地方病及传染病的发病情况。在实际走访中，他掌握了大量的第一手材料，并撰写了相关的调查报告，为我国疾病防治工作提供了翔实的宝贵资料。今天尚健在的茶园乡的老人们还能记起那个大鼻子、高个子、说一口中国话的外国人，虽然他们很多并不能叫出他的名字。

第三节　重庆医科大学任教，教授并撰写《人民保健组织学》

50年代初期，傅莱在四川重庆担任西南军政委员会卫生部公共卫生处的负责人，还担任重庆市卫生局顾问等职。后来因为相关政策规定外籍人员不宜在政府机关工作，就被调到了重庆医学院任

傅莱在西南军政委员会卫生部的工作证章

傅莱的转业军人证明书

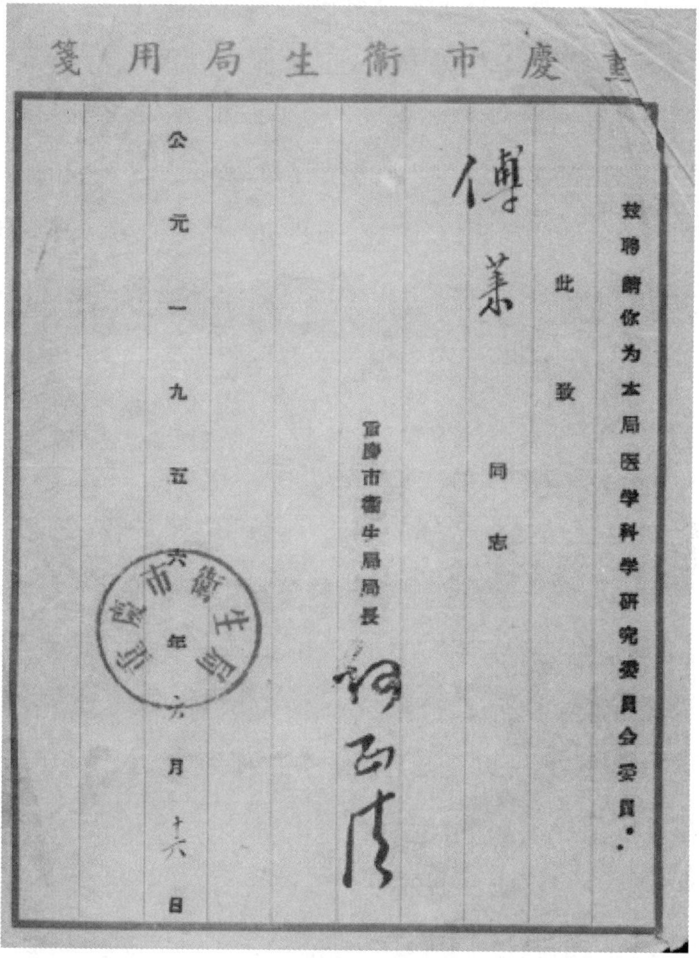
重慶市衛生局用箋

茲聘請你为本局医学科学研究委員会委員。

此致

傅萊同志

重慶市衛生局局長

公元一九五六年六月十六日

重庆市卫生局聘请傅莱为本局医学科学研究委员会委员的聘书

教，在卫生系教授保健组织学。

在重庆医科大教书的时候，傅莱的课很受学生们欢迎。他说一口流利的中国话，而且板书十分规范，加之他有非常丰富的战时卫生勤务的工作经验，又在新中国成立后的西南地区参与了除害灭病的工作，因此在讲课中不乏生动的实例，且不失西方人特有的幽默，他的课总是能引发学生阵阵笑声，大家都喜欢上他的课。虽然学校没有正式给他评定职称，大家仍亲切地称呼他为“傅莱教授”。

傅莱教授的课程是保健组织学，这门课是他来到重庆医科大之后才开设的，当时全国尚无一本有关保健组织学的统编教材，主要就是参考苏联的版本。为了教好这门课，傅莱开始着手编写教材。他为此做了大量的准备工作，其中包括进行现场调查，收集第一手资料。当时他带领全教研室的同志，包括张照寰教授（当时是讲师）、3名新的助教老师（周燕荣、黄婉云还有卢希荛）和两名技术人员，对重庆市的精神病院、结核病院、綦江县人民医院等专科医院与县级综合医院进行了考察，听取了各院领导对医院情况的介绍（包括组织机构、人员以及开展的业务工作等），深入到手术室、病房、食堂，实地观察病情，询问他们的需要，听取他们的反映。在进行了实地走访、调查和获取了大量资料的基础上，傅莱开始编写保健组织学方面的教材。1961年9月书稿完成，交由重庆医学院教材科排印，并发给学生们使用，解决了没有课本之苦。1967年夏，学校大楼3楼失火，学校教研室被焚烧一空，很多资料都未抢救出来，幸好傅莱自己所存的版本尚在，傅莱夫人江国珍女士珍藏至今。

傅莱在重庆执教时，正是我国三年困难时期的恢复阶段，物资匮乏，生活艰苦，虽然傅莱的工资是年轻助教的2~3倍，但是他的家庭负担也很重，需要支付与前妻所生的三个孩子的抚养费，常常入不敷出。每次发工资时，他都会用手摇计算器来算他的支出：分别给大儿子、二儿子和女儿每人25元，最后留给自己的钱所剩无几。尽管生活条件很艰苦，但傅莱非常乐观，经常面带笑容，而且常常用这种精神来感染学生，让自己的课堂变得生动有趣。在那段艰苦的岁月里，年轻老师也在他的感染下，始终保持着乐观主义的生活态度。

第四节　归国探亲，重返中国，一片赤子之情

作为家中的独生子，傅莱和父母的感情非常深厚，他爱他的父母，尽管他与父母的政治观点不相同。在中奥两国建交前，傅莱只能靠每月给父母写信来寄托对他们的思念之情。1961年，父亲在奥地利去世，经国务院总理周恩来批准，傅莱和夫人江国珍于1962年到奥地利探亲。因当时中奥两国还没建交，所以母子与婆媳的第一次见面被安排在了中国驻瑞士的大使馆。使馆人员为他们做了妥善安排，多年不见的母子有说不完的话语，傅莱与母亲分享着这些年在中国的经历和感受，傅莱现在已经是中国知名的医学人员。

傅莱探亲之时正值三年困难时期，条件极其艰苦，不少人都猜测傅莱此行恐怕肯定不会再回到中国来了。然而，出乎大家的意

料，傅莱按期回来了，因为他始终割舍不下他曾经生活和奋斗过的东方热土。

1975年，傅莱还将年迈的母亲从维也纳接到中国住了两年。因为生活习惯、饮食等诸多方面的不同，母亲两年后回到了奥地利。

随着中国改革开放政策的推行，有些年轻人不理解傅莱为什么留恋中国的清苦生活，而不回欧洲发达国家去。傅莱坦诚地说："说实在的，我从没想到过要离开中国，中国是我的第二故乡，我的事业在中国。比起西方某些发达国家，中国的物质生活水平不算高，我确实也吃过一些苦，但作为一个共产党员，我吃的苦远远没有中国普通战士和老百姓多。即使在抗日战争最艰苦的年代，白求恩卫

傅莱第一次回欧洲探亲，与母亲在中国驻瑞士大使馆合影（1962年）

傅莱第二次出国探亲，与母亲在维也纳合影（1967年）

傅莱与叔叔、婶婶在布拉格合影（1967年）

生学校的学员们有时吃黑豆，我和柯棣华大夫等却能吃小米，到延安后还有大米、白面吃；一般教员要两人合点一盏油灯，而且只许点一根捻，由于我有近视，聂荣臻司令员批准我单独用一盏油灯，点两根捻。我的物质待遇任何时候都比中国普通老百姓优厚，这是党和政府对我的特殊关怀。因此，我不觉得在中国有多苦。我留恋中国，热爱中国，因为我是马克思主义的信徒，而马克思主义中就没有贪图享受这一条，我也没有学过那一套。”从中可以看出傅莱的决心和他处世的哲学。

“文革”期间，傅莱受到了不公平的待遇，生活境况很差，无暇照料母亲。多年来，母亲一直自己一个人在故乡，作为母亲唯一的孩子，他不能承欢膝下，心里装满了对母亲的牵挂和深深的歉意。

第五节　投身中国信息医学事业，率先建立起中国医学信息网络

1962年傅莱调到北京，安排在医学信息研究所（中国医学科学院原医学情报研究室）工作，开始投身我国的医学信息事业。

信息时代医学信息对于医学事业的发展至关重要，如何有效地收集和利用已有的信息资源成为一个关键性的问题。傅莱意识到这个问题的重要性，开始组织所里开展信息整理工作，因为大量无序的信息不但不是资源，反而是一堆垃圾，要想有效使用资源就必须

1982年3月15日在广州召开的中南地区医学图书馆管理训练班全体成员的合影

1982年6月4日西南、西北地区医学图书馆管理训练班全体成员合影

1982年6月4日中南五省医学情报会议成员合影留念

利用现代化的手段对信息进行整理，医学信息的现代化就成为当务之急。

医学信息相关工作的出现，对有关人员提出了较高的要求，他们不但要了解医学方面的常识，还要学习图书馆学、情报学方面的相关知识，保证能够在最短的时间内为一线工作者提供最权威、最全面、最新的信息，尽快成长为医学情报研究人员，辅助医学工作的开展。傅莱要求所里的医学情报研究人员不但能够从浩如烟海的图书、杂志中寻找到有价值的信息，还必须深入到基层，去调研、去询问，了解到科研、医疗、教学人员的情报信息需求，从而能够主动提供服务。

为了加强国内医学信息的共享，调动各级情报信息源的积极性，加强彼此间的合作与交流，傅莱倡议并分步骤建立起了东北、华北、华东、华南、西北和西南六大地区的信息网络，再依次推广到各省、自治区和直辖市。六大信息网络形成后，各地区加强了联系，各省、市医学图书馆分别以所在区为单位，通过召开会议、举办培训班、座谈会等方式加强信息了解，及时对国际、国内医学信息发展新情况进行沟通。

第六节　推动医学信息现代化，建立我国医学检索体系

傅莱担任医学情报（信息）研究所的领导，从事医学情报研究后，一如既往地干一行爱一行，专注于医学情报工作，并十分重视

付萊 同志

经一九七八年常务理事扩大会议通过您为中华医学会 理事

中华医学会

编字 068 号

一九八〇年十二月 日

傅莱同志于一九八四年当选为中华医学会第十一届理事会 理事

特颁发此证

中华医学会

一九八四年 三 月

中华医学会为傅莱颁发的聘书

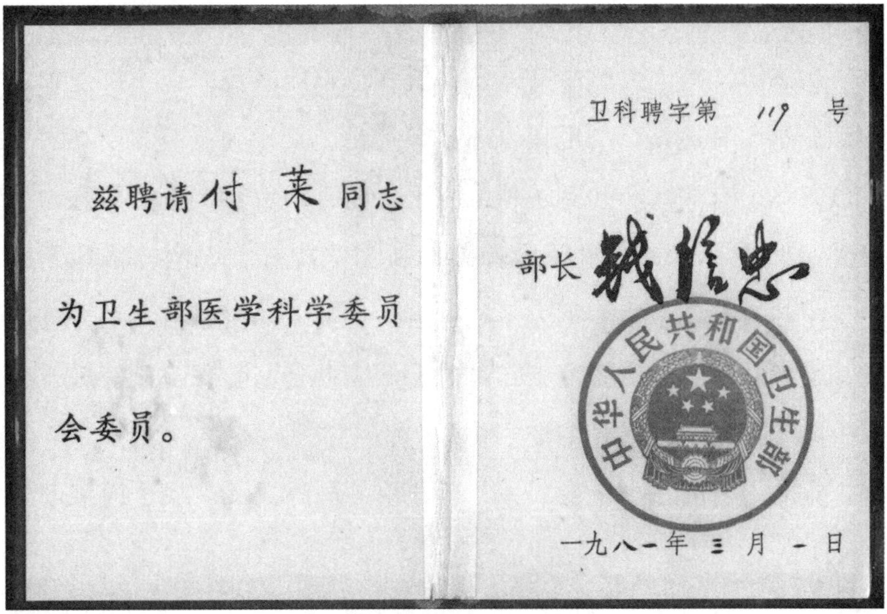
兹聘请付 莱同志

为卫生部医学科学委员

会委员。

卫科聘字第 119 号

部长 钱信忠

中华人民共和国卫生部

一九八一年三月一日

中华人民共和国卫生部部长钱信忠为傅莱颁发的聘书

信息工作的现代化建设。当时我国还没有自己的医学检索系统，全部检索工作都是依靠手工进行，不仅速度慢，还经常漏检。傅莱认为在国际信息化的浪潮下，中国医学信息必须进行大刀阔斧的改革。在阅读了大量的国内外相关文献资料，积极借鉴国外先进经验的条件下，他提出了建立一个比较完整的医学文献检索系统的设想。在建立医学文献检索系统前，依据国际经验，首先必须编制出适合中文语言特点和检索要求，并且具有中国特色的主题词表。该表需要包括汉语文字书写的主题词及拼音、汉字书写的主题词和与之对应的英文主题词。在傅莱的带动下，资料室工作人员用了几年的时间，精心编制出了具有我国特点的医学主题词表，汇制了六十多种分类表和几万张卡片，为我国医学检索体系的发展奠定了坚实基础。

1966年“文化大革命”爆发，傅莱也未能幸免，他不仅遭到了知识分子“靠边站”的厄运，还被怀疑是“希特勒派遣的小集团”成员，莫须有的罪名加到了他的身上，他百口莫辩，生活与行动都受到了监视和调查，主题词表的编制工作被迫由单位转移到了家中。虽然遭受到了很多不公平的待遇，但傅莱始终坚信人民、坚信党，继续从事着他的研究工作，他无法去办公室上班，只好蛰居在家中继续研究他的医学文献主题词卡片。

党的十一届三中全会后，年近花甲的国际主义老战士傅莱重新

傅莱和同事们在资料室

1980年2月13日《光明日报》对卫生部为马海德·米勒、傅莱举行欢庆会的报道

光明日报

GUANGMING RIBAO　1980年2月13日　星期三　第11034号

首都医药卫生界举行春节茶话会

热忱期待医药卫生界为人民作出更大的贡献

李先念余秋里陈慕华同志先后在会上讲话，

新华社北京二月十二日讯 今天，五百多位首都医药卫生界的科学家和卫生系统在京的全国劳动模范欢聚政协礼堂，举行春节茶话会。

中共中央副主席、国务院副总理李先念，国务院副总理余秋里、陈慕华到会，并先后讲话。李先念同志和余秋里同志热忱期望医药卫生界的同志们在八十年代的头一年里，为人民作出新的更大的贡献，亲切祝贺大家春节愉快，身体健康。

陈慕华同志在茶话会上说，在我国四个现代化的建设中，卫生界的任务是非常繁重的。把社会主义建设大军维持在最好的健康水平上，这就是医药卫生工作者对四化的最直接的贡献。她在谈到要加快中西医结合工作的步伐以后，着重强调了做好计划生育工作，使人的生产和物质资料生产相适应的重要性。她说，我们现在从事计划生育工作的队伍，还不能满足实际需要。为了加强节育技术指导，加强计划生育的宣传，加强妇幼保健，普及节育知识，卫生界必须进一步壮大这支队伍，并认真进行培养训练，不断提高有关人员的业务水平。我们要大力提倡一对夫妇只生一个孩子，就必须更加重视保护孩子们的健康，让他们发育好，成长好。要开展优生学的研究。

卫生部部长钱信忠也在会上讲了话。

出席茶话会的各部门负责人和卫生界知名人士还有：冯文彬、吴庆彤、王伟、马海德、柯麟、贺诚、[illegible]如、萨空了、崔月犁、裘法生、高士其、黄家[illegible]、林巧稚、米勒、傅莱、赵锡武、钟惠澜、薛愚、[illegible]。

茶话会是由卫生部、中华医学会、中华全国中医学会、全国政协医药卫生组、农工民主党中央医药卫生工作委员会以及其它几个卫生界的学会联合举办的。

马海德、米勒、傅莱同志举行欢庆会
卫生部为在我国工作四十多年的

新华社北京二月十二日讯 今天，卫生部在政协礼堂为在我国辛勤工作了四十多年的医学专家马海德、米勒、傅莱三位同志举行了欢庆会。

卫生部顾问马海德、北京医学院副院长米勒、中国医学科学院医学情报研究所副所长傅莱三位同志，是在三十年代分别从美国、德国、奥地利，来到我国的。四十多年来，他们为我国革命和建设事业做出了可贵的贡献。

卫生部部长钱信忠高度赞扬了三位同志的国际主义和共产主义精神。他说，这三位同志不远万里来到中国，并且以对革命事业的忠诚和模范行动，光荣地加入了中国共产党。在我国革命和建设的每一个时期，他们一直为发展我国的医药卫生事业奋斗不懈。同时在发展我国人民与世界各国人民的友好交往中，做了大量工作。他祝愿马海德、米勒、傅莱同志今后继续发扬革命传统，争取更大光荣。并且希望卫生战线的同志们学习他们的革命献身精神，为把我国建成社会主义现代化强国而奋斗。

马海德、米勒和傅莱在欢庆会上分别讲了话。他们回顾了参加革命四十多年的实践，感谢党的深切关怀和爱护。他们表示，要同全国人民一道，为在中国实现四个现代化和医药卫生现代化，继续贡献自己的力量。

柯麟、李资平、苏德一分别代表马海德、米勒、傅莱的所在单位，介绍了他们的经历和事迹，使与会者深受鼓舞和教育。

医药卫生界一千二百名医务工作者参加了欢庆会。

晚上，[illegible]马海德、米勒、傅莱以及他们的夫人。宴会前，国务院副总理陈慕华、卫生部部长钱信忠等同他们进行了亲切交谈。人大副委员长邓颖超特地派代表送来了刚由泰国带回的杏黄色鲜艳的"友谊之花"，向他们表示热烈的慰问和祝贺。

傅莱在家中办公

走上了他心爱的工作岗位。1979年，他出任中国医学科学院医学情报研究所副所长兼中国生物医学情报中心网络项目主任。出于工作需要，傅莱多次出访国外寻求援助，经过多次努力，他联系了世界卫生组织（World Health Organization，WHO）官员和外国有关企业商谈加速中国医学信息事业现代化的问题。在他的推动下，WHO向我国伸出了援手，为中国医科院医学情报研究所配备了CX-1型计算机，佳能公司也向医科院医学情报研究所赠送了大型复印设备，这些不仅为日后建立计算机检索系统和检索人员培训创造了有利条件，也为开展文献的复制工作创造了条件，从而缓解了改革开放后社会对医学文献的渴求。

当时中国劫难初去，百废待兴，医药书刊很少，国外文献更是缺乏。为了缓解燃眉之急，傅莱医生积极向美国和澳大利亚医学图书馆联系寻求帮助，将中国的困难和现实情况反映给了他们。在傅莱的努力下，我国众多医药卫生科研教学单位的几百个科研课题，获得了免费定题检索的服务以及最新相关信息文献资料，这些信息资源有力地支持了我国医学科研及教学工作的开展。

1982年，在傅莱的积极协调和参与下，中国医科科学院医学信息研究所成功引进美国国家医学图书馆研制的医学文献分析与检索系统（Medical Literature Analysis and Retrieval System, MEDLARS），这是当时世界上最权威也是最大的医学文献联机检索系统。该系统由美国国立医学图书馆（National Library of Medicine，NLM）于1954年着手研制开发，1967年正式建成全球第一个医学文献计算机联机

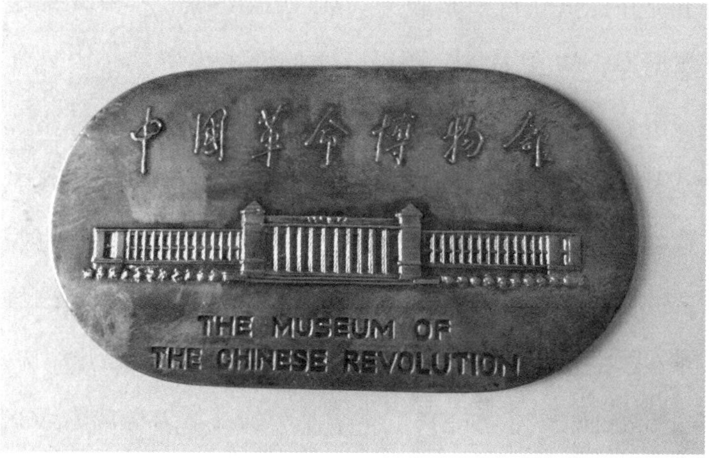

傅莱为中国革命博物馆建馆工作纪念章

国务院任命傅莱为中国医学科学院顾问的任命书

检索系统并提供联机检索服务。MEDLARS拥有检索功能很强的四十多个数据库，包含书目、题录、文摘及声像资料；内容涉及医学、药学、卫生学、毒理学、化学数据、癌症治疗方案等信息；收录了1965年以来全世界发表的生物医学文献1800万篇，其中医学文献联机数据库是MEDLARS系统中最大和使用频率最高的数据库，也是检索世界生物医学文献资源最主要的数据库之一。该数据库包含了美国《医学索引》（*Index Medicus*）、《国际护理索引》（*International Nursing Index*）及《牙科文献索引》（*Index to Dental Literature*）三大检索工具的内容，收录了世界七十多个国家和地区出版的三千四百多种生物医学期刊的文献，占MEDLARS系统总体录入量的50%以上，并以每月四万余条的速度递增。MEDLARS数据库采用医学主题

傅莱（右二）访问美国医学图书馆

词表，文献标引用叙词法；文献量庞大，按年代分为一个近期文档和若干回溯文档，每隔2~3年就形成一个新的回溯文档；内容涉及基础医学、临床医学、环境医学、营养医学、职业病学、卫生管理、医疗保健等医学学科，还包括解剖学、动植物及微生物学、化学品及药理、心理学及神经精神病学、生物学、食品、工业、技术与设备、通讯和信息科学等领域。

由于MEDLARS系统内容丰富、检索方便，还具有定期回溯的功能，因此在规划中美医学合作项目时，傅莱医生向国家卫生部和医学科学院领导提出了引进美国MEDLARS系统和相应的计算机硬件、软件，建立中国医学文献计算机检索系统的建议，获得了国家卫生部、医学科学院领导的一致同意。自此之后的3年时间内，傅莱精心策划并全身心投入到了MEDLARS中国中心的建设中，往返奔波于国家卫生部、外汇管理局、NLM和IBM公司之间，以确定中国医药文献联机数据库的组构，定题检索联机数据库（Selective Dissemination of Information on LINE，SDILINE）及医学主题词文档（MESH VOC：Mesh Vocabulary File），编制MEDLARS及IBM4361计算机引进计划及报批请款，办理通关及外汇支付等相关事宜。

作为总策划和总调度，傅莱不辞辛苦，事必躬亲，从计算机机房的图纸设计、规划审批、基建施工乃至日后的机房装修和设备安装，他都一一过问，亲自到工地查看，确保施工质量。在傅莱的正确领导和有关人员的共同努力下，经过了近5年的努力，具有世界一流水平的医学文献分析与检索系统中国中心，也是美国国立医学图书馆医学文献分析与检索系统第16个国际检索分中心，于1987年6月在北京中国医学科学院医学信息研究所内建成，并面向全国服务，这也是我国第一个大型医学文献计算机文献检索系统。该系统的建立为中国医药卫生工作者、教学及科研人员检索全世界的生物医学文献提供了方便、快捷、价廉、高质量的信息服务，使我国医学信息科学发展起来，逐步实现了现代化。当时中国中央电视台和奥地利电视台都对傅莱进行了专访，详细报道了创立中国信息检索系统，推动中国医学信息现代化的过程。

中国医学科学院信息研究所对傅莱同志工作的说明如下：

中国医学科学院顾问、医学情报研究所副所长傅莱同志是一位外国血统的中国人，于1942年投身于中国革命，参加了伟大的抗日战争和解放战争。

傅莱同志精通德语和英语，中国语也有相当水平。抗日战争胜利以后，傅莱担任华北军区卫生部顾问，他利用美国援华委员会寄来的青霉素菌种和部分资料成功地自制了粗制盘尼西林，缓和了我军缺乏急需的外伤用药的状况。他还在攻打太原和解放天津的战斗中冒着枪林弹雨担负战地救护工作。新中国成立后他担任西南军政委员会卫生部公共卫生处负责人，重庆市卫生局顾问并在重庆医学院任教。

五十年代他在重庆医学院卫生系教授保健组织学，六三年到中国医学科学院情报所研究室工作，七九年出任情报所副所长，同时

傅莱接受中国中央电视台记者赵忠祥的采访

傅莱接受奥地利电视台记者的采访

医学信息研究所领导班子成员在研究工作（左一：范琪，左二：傅莱，左三：李思翘）

医学信息研究所陆如山所长（左二）、傅莱副所长等同志在办公室接待来访友人

负责由联合国开发计划署资助，世界卫生组织合作的中国生物医学情报中心和网络项目的领导工作。

傅莱同志对情报工作有较丰富的经验，对国际国内的情报动态掌握较多，对情报事业有所贡献。虽然年龄已过花甲，但以身作则，严格要求自己，积极地开展情报工作，经常参加全国各省市召开情报网络工作会议，且回来后即上班工作。

情报所

中华人民共和国卫生部为傅莱颁发的聘书

第四章　我和傅莱

第一节　我和傅莱

1960年的一天，傅莱去重庆友谊商店买东西，当时我主要负责对外接待。看到客人便问：“ 需要买些什么？”傅莱当时礼貌地回答：“我想买一瓶墨水。”我当时还有些好奇，墨水外面到处都可以买到，为什么要来这里买呢？心里虽然有些不解，但还是十分高兴地帮他拿了一瓶。一天他又来到了商店，很巧又是我接待了他，这次傅莱在商店里买了一管牙膏。买完聊了几句，在商店转了一会儿他就走了。他告诉我他住院了，并问我能否帮助自己买点东西送到医院来。我问傅莱想要什么，当时正值中秋，傅莱就说买盒月饼吧。考虑到外事纪律，我一五一十将此事汇报给了经理。经理一听，微微一笑说：“可能这个人看上你了，我派个人和你一起去吧。”当时傅莱一心只想和我有个单独说话的机会，看到两个人一起过来，心中有些失落。但后来又通过几次接触，我也逐渐对眼前的这位外国人产生了好感。

我是土生土长的重庆人，老家在重庆北碚区的郊区，母亲在46岁时才有了我，所以从小我的身体就比较弱，在重庆大学读书时一度生病休学在家。因为学习的是俄文，所以经朋友介绍，来到了重庆友谊商店工作，一方面辅导职员学习俄文，一方面负责接待工作。

见过几次面，有了一些接触之后，两人都对彼此产生了好感，萌生了爱的种子。傅莱出院的那天，正好安排在我的休息日，我就去接傅莱回家。此后，我们俩经常约会，不知不觉中两人的心已经走到了一起。傅莱第一次去我家时，60年代正是困难时期，家里条件艰苦，拿什么去招待人家呢？无奈之中拿出了家中的泡菜款待，没想到傅莱不但没有半点嫌弃，反而十分开心地抓起泡菜吃，还一直说好吃，一副非常满足、非常开心的样子。母亲见状就笑了起来。也正因为这件小事，我的母亲增加了对傅莱的好感。

有一天在车站等公交车的时候，傅莱突然对我说："我们去登记结婚吧！"我感觉很突然，就对傅莱说："这么重要的事，你怎么从来没给我说过啊！"傅莱笑笑说："还需要准备什么呢？"正好此时重庆医学院院长周泽沼驱车经过，一边摇下车窗询问，一边招呼二人上车。上车后，彼此寒暄，周院长问傅莱要去往何处，傅莱大方地说："你带我俩去结婚登记处吧！"周院长听后说："好呀！好呀！"就这样，傅莱与江国珍顺利地办了结婚手续，那一天是1961年的2月14日，正好是西方的情人节。当时中国还不知道什么情人节的事，可是出生在奥地利的傅莱是深知情人节含义的，只是暂时保守秘密而已。他之所以选择这个日子，是早有考虑的，想给自己心爱的人一个惊喜。

结婚第二年，他们的独生子傅维克（Viktor Frey）出生。

小维克非常像他的父亲，适应能力强、独立、勇敢。那时傅莱

1961年2月，傅莱和江国珍的结婚照

江国珍母子

和我工作都非常忙，没有时间照顾孩子，就把他送到了幼儿园，办理了全托，每周一送过去，周六下了班接回家中。幼儿园与我家只有一墙之隔，可是在一周的时间内，孩子从没有想到要回家的事。那时每到周末，去接孩子他就会歪着脑袋问我："妈妈，我们干吗要回家啊？"同其他孩子与父母分开时大哭大闹不同，孩子表现得很不一样，不愿回家，当我送他到幼儿园，他非常好奇地问我："为什么他们上幼儿园还哭啊？”与别的孩子相比，他更多的时间是在幼儿园度过的，一定程度上，幼儿园更像是他的家。

傅莱非常疼爱自己的妻子。他有一件浅黄色的美国将军呢子外套，这在改革开放前的中国简直是稀有之物。它做工精细，质量好，决定改成一件给妻子的外套。两人一针针地精心拆开，浆洗之后又经过商议式样，最后拿去让裁缝进行剪裁，为妻子做了一件开领的外衣，这在当时是十分时髦的。我非常的喜爱，穿了二十多年，十分珍惜丈夫送给自己的礼物，至今使我记忆犹新。

傅莱与我的感情一直非常好，四十多年的生活是充满了幸福和甜蜜的。共同的乐趣和快乐伴随了我们的一生。

第二节　与初恋女友汉娜的久别重逢

汉娜是傅莱在奥地利的初恋女友，后来由于纳粹分子的迫害，他们天各一方。傅莱在中国，汉娜在英国。由于战争等诸多因素，他们彼此之间失去了联系。再后来汉娜到了斯洛伐克并加入了斯洛伐克共产党，和一位斯洛伐克共产党员结婚，婚后随夫姓，改名为汉娜·戈兰诺娃（Hanna Golanova）。她和爱人生有一子，第二次世界大战后定居斯洛伐克，非常巧合的是他们的儿子和傅莱的大儿子（英文名）都取名为彼得，冥冥之中他俩之间还有一丝关联。直到1967年，他们俩才再次取得了联系。

1966年的春天，汉娜因为要去参加次年在加拿大蒙特利尔举办

1963年6月傅莱调到中国医学科学院工作，一家三口在大佛寺家中

傅莱一家三口

傅莱与儿子傅维克

傅莱与江国珍

傅莱与江国珍

傅莱与儿子傅维克

的世界博览会，所以要去蒙特利尔联系参展物品的运输问题。在维也纳转机时，经过几番周折，她幸运地找到了傅莱的母亲石泰因太太。石泰因太太告诉了汉娜傅莱在中国的工作和生活情况，还把联系方式告诉了她。远在布拉格的汉娜和北京的傅莱终于联系上了，他们之间有了书信往来。1967年深秋，傅莱和我去维也纳探望母亲，特意前往布拉格探望汉娜一家，而这时已经距离他俩在维也纳南站的告别整整29年了。此后，傅莱和汉娜两家人成了好朋友，后来也曾多次见面。

2004年11月16日，傅莱在北京去世，享年84岁。汉娜得知傅莱去世的消息后，还亲自给我写了一封信。

汉娜给我的信

亲爱的珍：

你给我一个很大的惊喜，你从维也纳给我打来电话，并说德语，你有很大的进步。你还想知道一些关于理查德战前和我在维也纳的经历。因为有人要写一本关于理查德的书，我不能对你说很多。理查德和我认识只是很短的时间，同时这是一段很困难的时期，那时奥地利被德国法西斯军队占领，到处都是秘密警察。理查德那时与共产党组织接触，因为这些工作和联系都是地下的活动，如果被发现就是死亡或者是接受进集中营的惩罚。因此他从不对我说这些事。同样我也跟共产党有联系，我也不跟他说什么。我们在同一学校高中毕业，我们互相学习，那时我们俩都是18岁，这个年

1939年汉娜刚到英国时留影

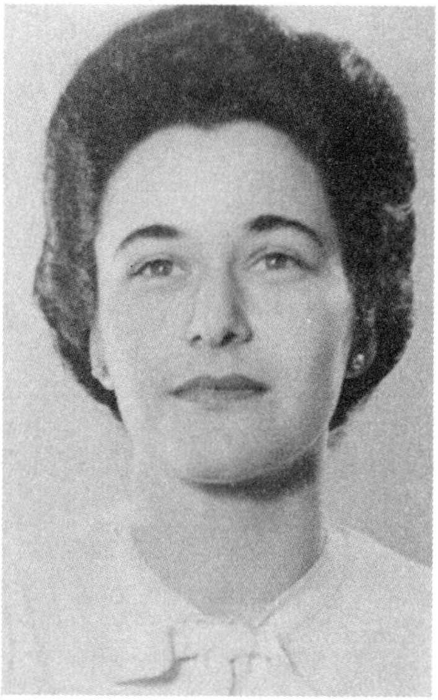

傅莱与汉娜在维也纳的合影（江国珍摄）

龄相爱很快，我们彼此相爱很短的时间，我们的结合像柏拉图式的爱（精神恋爱）。我的父亲那时有重病，他有帕金森病，理查德帮助我母亲照顾他。但是这些很快就结束了。以后在城里秘密警察已经开始寻找理查德，他必须尽可能快地离开奥地利，较简单地可能性是去上海，所以他买了一张船票离开了奥地利。同样我也必须尽快地走，可能性是去英国，从那里我再找去处，那里可去做医院护士工作。在那里我很快认识了我的丈夫，忘了理查德。

我们在很多年后重逢，那时你也在场。我今天也没有太多的可说。也许我有一些忘了，这是我这年纪所记忆的，我已经快88岁了。

我祝你一切好，并衷心地问候你！

Hana

2007年10月布拉格

当时汉娜已近九十高龄。

第三节　傅莱的战友、朋友和同事

傅莱性格开朗、为人正直，一生结交了无数朋友。战争年代，他们更喜欢以战友相称，除了家人，战友、朋友、同事成为他生命中重要的部分。在众多的朋友中，对傅莱影响最为深远的就是他的战友兼同事——同为医生的国际友人柯棣华。在那个战火纷飞的年代他们并肩作战，抢救在抗战前线英勇救国的战士们，结下了深厚友谊。

1941年冬，傅莱被分配到了白求恩卫生学校担任传染病学教员，柯棣华正在白求恩国际和平医院任院长，当时医院和学校是一起的，由于工作需要，同时考虑到两人都是国际友人，领导安排傅莱与柯棣华在一个院里居住，因此他们有了更多的接触机会。最开始他们谈论得最多的是中文的学习和入门，同为外国人，在学习语言上他们更能引起共鸣。柯棣华比傅莱早一年来中国，所以见面时他已经能够用比较流利的汉语与人交流，还可以直接用中文给学生讲课，而同为教员的傅莱每次备课却要经过三道工序：先外文，再中文，再注音，因此当时傅莱非常钦佩柯棣华，将他作为学习的榜样，经常向他请教学习中文的经验。在短短一年多的相处中，在中文学习、生活、工作等方方面面，柯棣华深深影响了傅莱。1942年冬柯棣华因病逝世时，傅莱万分悲痛，他为失去这样一位挚友而伤心，他为这个年轻的生命而惋惜。为了纪念这位好友，傅莱用中文写了纪念柯棣华的文章，字里行间充满了他对朋友的惜别，以及对战友革命乐观主义精神的钦佩。

白求恩的战友、原白求恩医科大学副校长康克也是傅莱的好友。在白求恩学校时，他们并肩作战，在艰苦的战争年代结下了深厚的感情，革命胜利后，他们依然保持联系，革命友谊不断加深。“文化大革命”后期，傅莱因公到长春，还特意去看望康克一家。当时政治形势非常严峻，在这个特殊时期，他依然保持了对老战友、老同事的关怀之情，后来康克回忆起来都感觉到温暖，而他身上所特有的诙谐和乐观的革命精神，在那个时代也深深影响和感染了周

傅莱到长春康克家中探望并合影留念

围的同志，想起来令人感动。

在漫长的岁月中，由于工作的需要，两人时常会因参加各种会议而见面，革命情谊不断延伸。2001年，康克陪老伴来到北京与她的双胞胎妹妹同庆82岁生日，在京的众多白校老同学听说后一定要来为康克的老伴庆祝生日，傅莱不顾自己八十多岁的高龄和身患糖尿病，积极张罗和参与，为康克的老伴和胞妹举办了一场温馨而热闹的生日宴会。大家欢聚在一起，共同回忆了在老白校一起的那段艰难而光辉的办学历程，大家一起高唱革命歌曲，拍照留念，非常开心，不想这竟是两人的最后一次见面。2004年11月16日，傅莱因病在北京逝世，康克为傅莱题词以表达自己的哀悼："纪念傅莱同志，奥地利人民的好儿子，中国人民的一分子，为中华民族的解放和社会主义建设事业与中国人民同甘共苦，以奋斗终生的行动，证明了他是一位伟大的国际主义战士，忠诚的共产党员。”短短几十个字，对傅莱的一生进行了高度概括，这是一位挚友对傅莱最诚挚的祭悼。

傅莱去世后，康克与夫人黄秀贞还题写了一副挽联，以表哀悼之情：

傅莱同志千古

弃优职，奔战地，医教育人。

忆友情，泪横流，祝君安息！

黄浩、吴又居是引领傅莱走上革命道路的两位重要人物，原来都是北京地下党。当年傅莱从维也纳来到中国寻找中国共产党时，是黄浩和吴又居负责与他秘密接头，并将他秘密护送到八路军晋察冀军区的。当时形势紧张，他们没有记住彼此的姓名就匆匆分别了，这一别就是几十年。新中国成立后，他们经过多方找寻，1963年3位老战友才得以在北京相聚，建立起了联系。

1963年3人在北京见面时，黄浩即兴赋诗一首，赠送给傅莱留念，诗中述说了他们在革命时期结下的深厚友谊，并对傅莱的国际主义精神进行了高度褒扬。诗文内容如下：

1963年傅莱与黄浩（左）吴又居（右）的合影（江国珍摄）

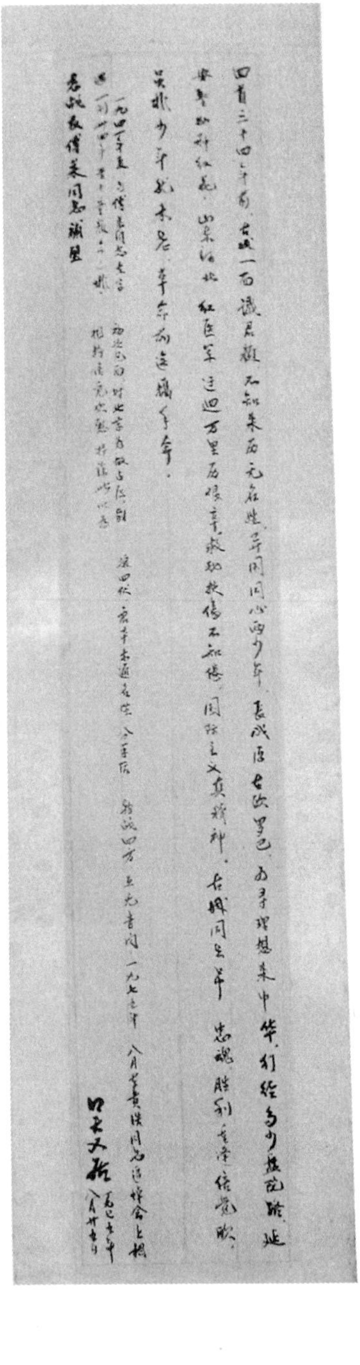

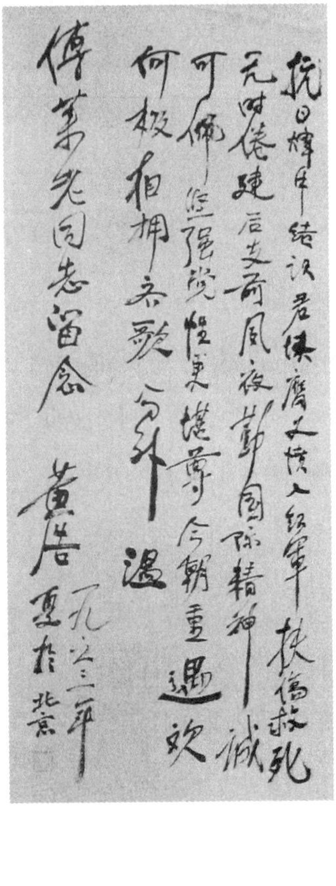

黄浩即兴赋诗赠傅莱

在石家庄参加纪念白求恩的活动。左起：1.时任白求恩军医学院院长的张雁灵2.时任河北省委副书记的赵世居3.康克4.郭庆兰5.时任总后勤部副政委的董宜胜6.傅莱7.时任中国白求恩精神研究会副会长的李恒山8.时任白求恩军医学院政委的粟龙池

1975年8月傅莱与吴又居夫妇的合影

抗日烽中结识君，
填膺义愤入红军。
扶伤救死无时倦，
建后支前宿业勤，
国际精神诚可佩，
坚强党性更堪尊。
今朝重遇欢何极，
相拥齐歌分外温。

傅莱同志留念
黄浩
一九六三年夏于北京

1975年8月，在黄浩的追悼会上，吴又居与傅莱见面，吴又居写了一段文字赠送傅莱。他这样写道：

回首三十四年前，古城一面识君颜。不知来历无名姓，异国同心两少年。长成原在欧罗巴，为寻理想来中华。行经多少盘陀路，延安圣地种红花。山东河北红医军，迂回万里历艰辛。救死扶伤不知倦，国际主义真精神。古城同去悼忠魂，胜利重逢倍觉欣。虽非少年犹未老，革命前途携手奔。

一九四一年夏，与傅莱同志在京初次见面。时北京为敌占区，豺狼四伏，仓促未通名姓。分手后转战四方，互无音讯。一九七五年八月，在黄浩同志追悼会上相遇。一别三十四年，昔日童颜今已非，相持倍觉欣慰。

特涂此以为

老战友傅莱同志补壁

吴又居

一九七五年八月二十五日

革命时期建立起来的友谊弥足珍贵，他们曾是并肩作战的战友，也是一辈子肝胆相照的朋友。

傅莱一生接触了很多人，有他的战友、同事、学生、病人，以及仅有过几面之缘的陌生人，他们之中很多都成为了傅莱的朋友，他们被傅莱身上的某种东西所打动，而这些朋友也成为傅莱生命中最重要的一部分。

第四节　傅莱的生活趣闻

作为生活在中国的外国人，尽管傅莱很快就适应了中国的生活，学会了说汉语和写汉字，但由于两国生活习惯和风俗等方面的差异，在中国生活的日子里，傅莱还是闹出了很多笑话，每每回忆起来，傅莱都会不由自主地笑出声来。

记得刚到北平时，为了跟中共地下党接上头，傅莱在地下交通员吴又居的引领下，半夜穿越妙峰山前往平西抗日根据地[1]。当时正值寒冷冬季，傅莱穿着一件水獭皮大衣御寒，可能是内心紧张加上连夜不断的奔波，当平安到达八路军平西司令部时，傅莱已经是筋疲力尽了，他倒头就在半山腰的一个农户家里的炕上合衣睡下了。一觉醒来，傅莱听到耳边传来嚓嚓的响声，同时还伴有一股皮子烧焦的味道，他立即起身检查，才发现自己身上的皮衣已经被老乡的热炕烤焦了。这件事傅莱觉得十分好笑，那算是傅莱闹出的第一桩糗事。

在抗日根据地生活的那段日子日行夜宿，为了能够及时应对敌情，快速行动，战士们都是和衣而眠的。长途跋涉之后，身上经常出汗加上不脱衣服透气，身上总感觉痒痒的。有一天傅莱把毛衣从身上脱下来一看，好多白点，当时以为是发霉了，后来才知道是身上长了虱子。毛衣上的小白点不是别的，正是虱子生的儿子，老百姓叫虮子，战士们都风趣地管这个叫“革命虫”，善意地嘲弄了他一下。这也是傅莱有生以来第一次浑身长满了“革命虫”，作为一名医生，他想起来觉得十分难为情。但是，没有办法呀，这是艰苦的环境所致。

还有一次，在去见聂荣臻司令的路上，路两侧山上到处都是柿子树，熟透的柿子挂在枝头，十分诱人。当时傅莱和同行的王主任正饥肠辘辘，看到黄澄澄的大柿子，不由流口水。王主任看到他一

1　陶思维:《从维也纳到晋察冀》,《怀念傅莱》,西南师范大学出版社2010年版。

脸的馋样，就故意逗他说，咱俩比赛吃柿子吧，看谁吃得多。傅莱听到这个提议，立刻赞同，两人坐在卖柿子的小摊上就吃起来了。傅莱专挑个大的柿子下手，一口气就吃了十多个，吃完后，他才发现事情不妙，肚子越来越胀，难受得他两天都没再吃饭。吃了这次亏，傅莱长了记性，以后他再也不敢多吃了。不过他还是没有禁住诱惑，不久又因为不听人家劝告而吃多了。那是1944年部队从晋察冀出发到延安，过了敌人的封锁线同蒲路后，在一个小饭店里吃饸饹，因为他没有吃过，所以警卫员特意叮嘱他："吃这个玩意有三个注意事项，一是要吃醋，二是不要吃饱，三是吃完后不要喝水。"面对美食，傅莱没有控制住，3个注意事项全都抛到了脑后，因为向来都不吃醋，所以这一次也没有吃醋，加之实在是太饿，所以就没

傅莱在北京贡院西街家中

傅莱在东北镜泊湖

傅莱在广东肇庆

管太多吃了个饱饱的，饸饹很咸，所以吃完之后，他又猛灌了好多水，这下傅莱可是吃尽了苦头，肚子胀得鼓鼓的，还不消化，3天都没吃下饭，这次的教训算是刻骨铭心了。

傅莱是一个十分热爱生活的人。来北京后，工作完回到家，他就非常喜欢自己做饭，他会做的中餐有回锅肉、粉蒸肉、担担面等，还很懂得配料的比例、佐料的多少以及火候的大小。因为他曾经在四川、重庆工作了13年，所以会做一些川菜。有条件的时候他也喜欢做些西餐，每次做饭总是一丝不苟，严格按照菜谱上的说明来做，他还会做西式点心，如苹果派等，味道十分棒。

60年代在北京，有一次他妻子从路边上买了几条鳝鱼，回到家后发现不知道怎么宰，看着活蹦乱跳的鳝鱼，妻子发愁了。傅莱说来做，他铺了一个大菜板，找来钉子和榔头，将鳝鱼从水中捞出后放在案板上，用一块布按住鳝鱼身，然后把鳝鱼头钉在了案板上，再用刀从上往下划，鳝鱼的血溅得哪里都是，几条弄完后厨房已经是一片狼藉。不过最后鳝鱼宰好了，大家吃上了美味的鳝鱼。

周末的时候，他还会为妻子卷发，甚至还会帮着妻子染发，他非常地认真，一丝不苟。在妻子的眼中，傅莱简直是什么都会做。晚年时候他爱好钓鱼，有时钓多了还拿去给朋友们或邻居家分享。

在生活中，他喜欢和朋友外出，晒晒太阳，游游泳，他还喜欢旅游，喜欢到有山有水、景色优美的地方。由于工作的需要，中国的31个省、市、自治区他去了30个，他的足迹踏遍了祖国的大好河山。他喜欢狗，曾经养过很多条，每一条都当作自己的孩子一般疼爱。他胆子大，曾经将一条巨蟒缠在脖子上留影。

战场上他是一个伟大的国际主义战士，日常生活中他是一个对生活充满爱的普通人。

傅莱与爱波斯坦在三亚

第五章　为社会主义事业奋斗不息

傅莱虽已年过花甲，但仍然关心医学信息研究所与医学图书馆的建设和发展，提出了许多合理化的建议。他还不辞辛苦地先后到许多国家多次参加WHO举办的会议，还到国内的二十几个省、市、自治区走访，他的晚年为国内外的医学科研交流起了牵线搭桥的作用。

从提出中国医学情报工作获取和利用信息资源的重要性，到引进国外先进技术和系统，再到成功设计适合我国医学科学发展的医学文献计算机检索系统，傅莱作出了巨大的努力，他是我国医学信息现代化工程当之无愧的倡导者、设计师和建设者，为我国医学现代化作出了不可磨灭的贡献。

第一节　工作得到党和国家的充分肯定

从1939年抵达中国，半个多世纪来，傅莱积极投身中国的解放事业和新中国的建设事业，将自己的一生奉献给了中国，为新中国的建立，为中国社会主义建设作出了自己的贡献。他是一位白求恩式的好医生，党和国家领导人对于他的工作给予充分的肯定和赞赏，也受到人民的敬佩和爱戴。多年来，傅莱作为支援中国革命的国际主义战士，多次得到党和国家领导人的接见，从毛泽东到江泽民主席、李鹏

傅莱参加1987年4月20日举行的联合国卫生组织会议

总理、朱镕基总理、国务院副总理陈慕华，还有杨成武、王震、万里等党和国家领导人都曾接见过傅莱。

另外，每年的新春佳节，中共中央都要邀请来帮助中国革命及建设的外国专家和国际友人参加新春茶话会等，表示中国人民的深深感谢之情。

1980年2月13日，卫生部在全国政协礼堂为我国辛勤工作了四十

傅莱在卫生系统召开的会议上发言（左一：陈慕华，左二：马海德）

多年的医学专家马海德、米勒、傅莱3位同志举行了欢庆会。卫生部长钱信忠高度赞扬了3位同志的国际主义和共产主义精神。3位同志不远万里来到中国，并且以对革命事业的忠诚和模范行动光荣地加入了中国共产党。他们在我国革命和建设的每一个时期，为发展我国医药卫生事业奋斗不懈；在发展我国人民与世界各国人民的友好交往中，做了大量工作。傅莱和马海德、米勒还在欢庆会上分别发了言，回顾了参加革命四十多年的实践，感谢党的深切关怀和爱护，他们表示要同全国人民一道，为在中国实现四个现代化和医药卫生现代化继续贡献自己的力量。晚上，卫生部在人民大会堂设宴招待马海德、米勒、傅莱及他们的夫人。宴会前，国务院副总理陈慕华、卫生部部长钱信忠等人同他们进行了亲切交谈。全国人大常委会副委员长邓颖超特地派代表送来了刚由泰国带回的杏黄色鲜艳

北京市高等教育局为傅莱颁发的纪念章

荣誉证书

付莱 同志：

从事医学信息工作三十年，特发此荣誉证书。

卫生部科技教育司
一九九五年四月五日

北京市教育工会为傅莱颁发的证书

傅莱 同志：

您已为党的教育事业辛勤工作了三十年，

为了表彰您的业绩，特发此证。

北京市教育工会
2002 年 9 月

卫生部科技教育司为傅莱颁发的证书

的“友谊之花”，向他们表示热烈的慰问和祝贺。

1997年2月3日，在中国人民的传统节日春节即将到来之际，国务院总理李鹏在人民大会堂亲切会见了爱泼斯坦、傅莱、沙博理等数十年与中国人民同甘共苦的外国老专家及他们的夫人。李鹏首先代表中国政府和人民向各位专家及亲属拜年，衷心感谢他们真诚帮助和支持中国的建设事业，促进中国与世界各国的交流与合作，为我国带来了当今世界上先进的科学技术和管理经验，在各自的工作岗位上取得了很多成绩。外国老专家也以他们的亲身经历讲述了中国发生的巨大变化。会见后，李鹏总理和夫人朱琳设宴款待了外国专家和他们的亲属。国务院副总理兼外长钱其琛和夫人周寒琼、国务委员李贵鲜、罗干以及中央和国务院有关部门的负责人参加了会见及宴会。党和国家的亲切关怀，让傅莱倍感亲切、备受鼓舞。

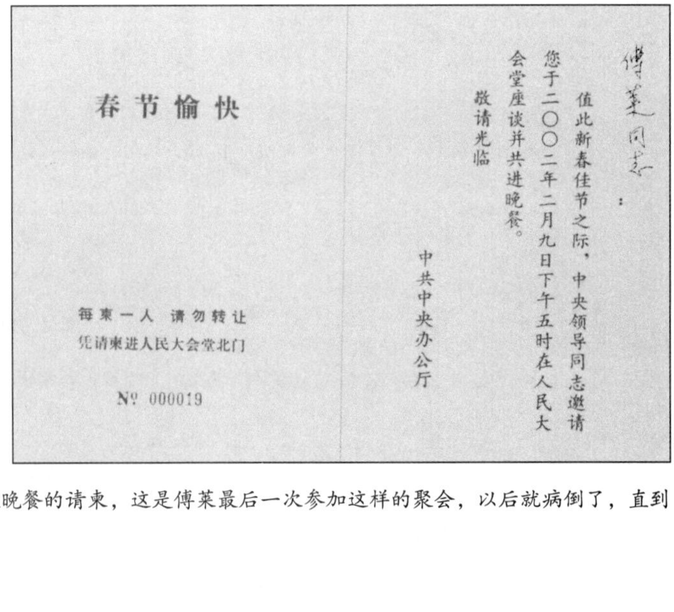

中央办公厅邀请傅莱参加座谈会及晚餐的请柬，这是傅莱最后一次参加这样的聚会，以后就病倒了，直到逝世

1982年12月，傅莱与国际主义老战士巴苏、路易·艾利及马海德的合影

傅莱参加国庆观礼的代表标识

第二节　热心公益事业，捐资助学

傅莱一生非常节俭，从不追求个人享受，身高一米九二的他，体格魁梧，平时他穿的多是母亲从维也纳带来的父亲遗留下来的旧衣服，做一套好点的衣服要穿几十年，除了中央首长接见、出席国宴、会见外宾及出国等重要场合时穿一下，平时在家舍不得穿。他穿的衣服多是我从市场买回的出口转内销的特大号处理品。

傅莱的饮食也非常简单，早餐常是稀饭馒头或牛奶面包。正餐是米饭、一荤一素一汤，荤菜是青菜肉丝或回锅肉、红烧肉，汤是青菜豆腐汤。他最爱吃的就是重庆的青菜头。在随全国政协组团外出考察时，他极力反对讲排场、摆阔气，他住普通客房，吃普通膳食。他最看不惯铺张浪费的现象，就餐时只要一菜一汤或一碗面条。他对地方的宴请很是反感，他认为走到哪里就大吃大喝不是我们党的优良传统和作风，应该看到还有许多人吃不饱肚子，还没有解决温饱问题，有许多穷困山区的人们还生活在贫困线以下，因此，我们没有任何理由大吃大喝，要保持我党艰苦奋斗、艰苦朴素的优良传统，杜绝奢侈之风，时刻把人民的利益挂在心上。

傅莱严于律己，对于家人也是一样的严格。他始终保持了一名老八路、老党员艰苦朴素、勤俭节约的优良传统。他教育自己的孩子们，从小要养成勤俭刻苦、奋发向上的品德，从来不给孩子们零花钱。成人后，也要求他们自力更生。

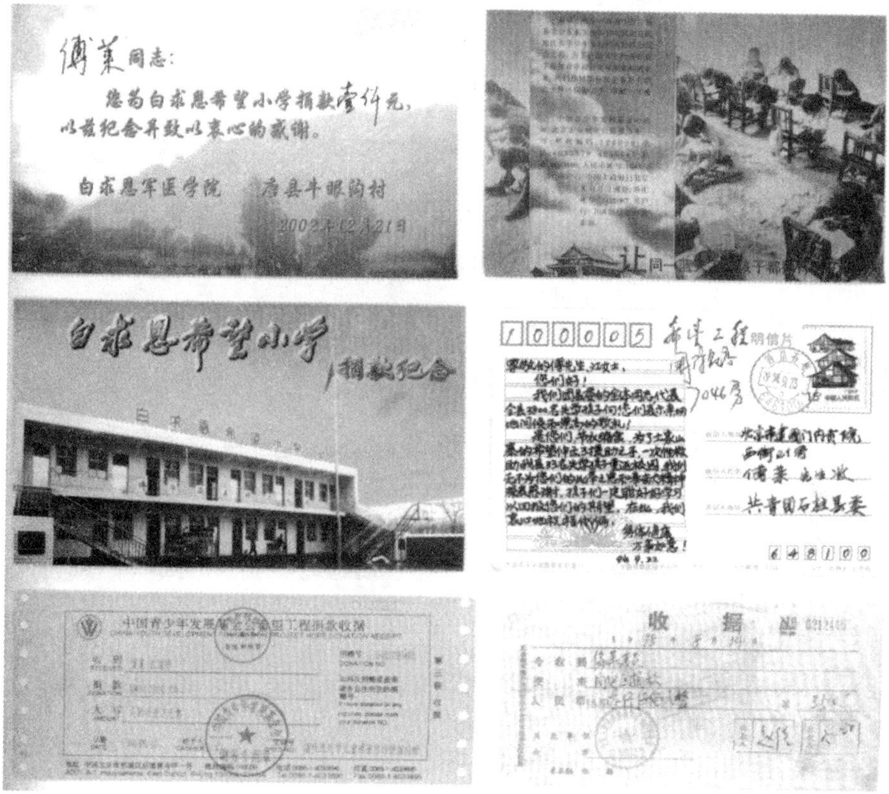

捐资助学的部分证书和收据

傅莱严于律己，对人则是慷慨相助。他经常从自己并不十分丰厚的工资中拿出部分钱款慷慨资助有困难的人，我们先后向唐县白求恩希望小学、中国少年发展基金会、希望工程及灾区等捐助钱物。我们认为捐赠是一个公民应该做的，从来没觉得有什么值得宣扬的地方。每次捐款的收据他们也是随便地夹在书中，1994年到2002年他们共捐款3笔，共计14500元之多。

在我们的资助下，一些贫寒家庭的孩子得以重返校园。重庆石柱县土家族贫困山寨33名失学儿童在傅莱夫妇的资助下，得以重返校园。宋中慧和宋中梅就是接受傅莱夫妇资助的其中两名女学生。宋中慧全家有6口人，全靠父亲一人种玉米来维持，她和妹妹都读小学。那时国家还没完全实现九年义务教育，为了供两个孩子读书，1993年家中将唯一的一头老黄牛卖掉了，1994年再无力缴纳学费，面临失学的困境。宋中梅的父亲是家中主要劳动力，长期患病无钱医治，后来病故，家中欠了很多钱，困境重重，无钱交学费。我们的捐助让两个贫寒人家的女孩能够重新回到校园，回到课堂读书。现在两个孩子都已经读高中了，她们非常感谢傅莱爷爷和江国珍奶奶对他们的救助，让她们得以圆了自己的读书梦。

第三节　发扬光大白求恩精神

傅莱与白求恩学校有着不解的渊源。1941年到达晋察冀抗日根据地后，傅莱在聂荣臻司令员的安排下，到白求恩学校当了一名教

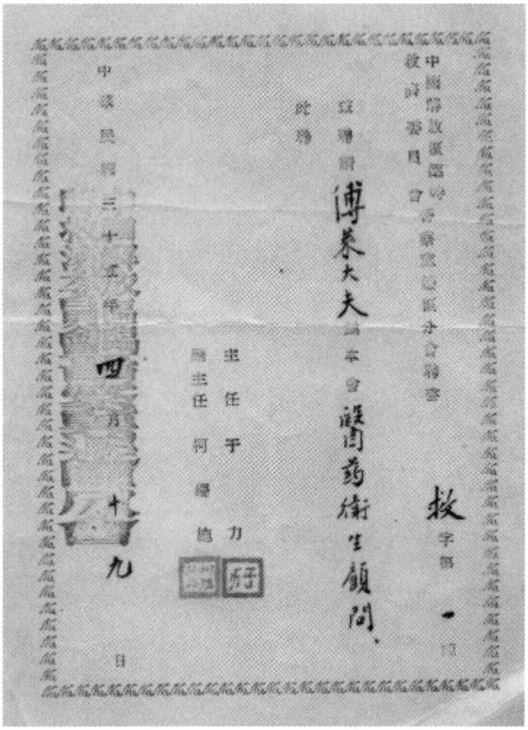

1946年傅莱被任命为华北军区卫生部顾问

师，是白求恩学校早期杰出的“洋教授”。当时他与柯棣华大夫一起一边执教，一边参加战地救护和部队卫生工作。由于日寇的封锁，药品奇缺，傅莱向当地中医求教，寻找用针灸治疗疟疾的方法，“发明”了用缝衣针做的针灸针，并亲自到作战部队组织实验和推广。他不享受特殊待遇，在特殊时期同学员们一起背粮。直到1944年秋傅莱受组织派遣去往延安，他共在白校度过了3年，这3年是抗日战争最艰苦的岁月，也是傅莱一生中最难以忘却的岁月。1946年白求恩学校已经发展成为了白求恩医科大学，傅莱被任命为华北军区卫

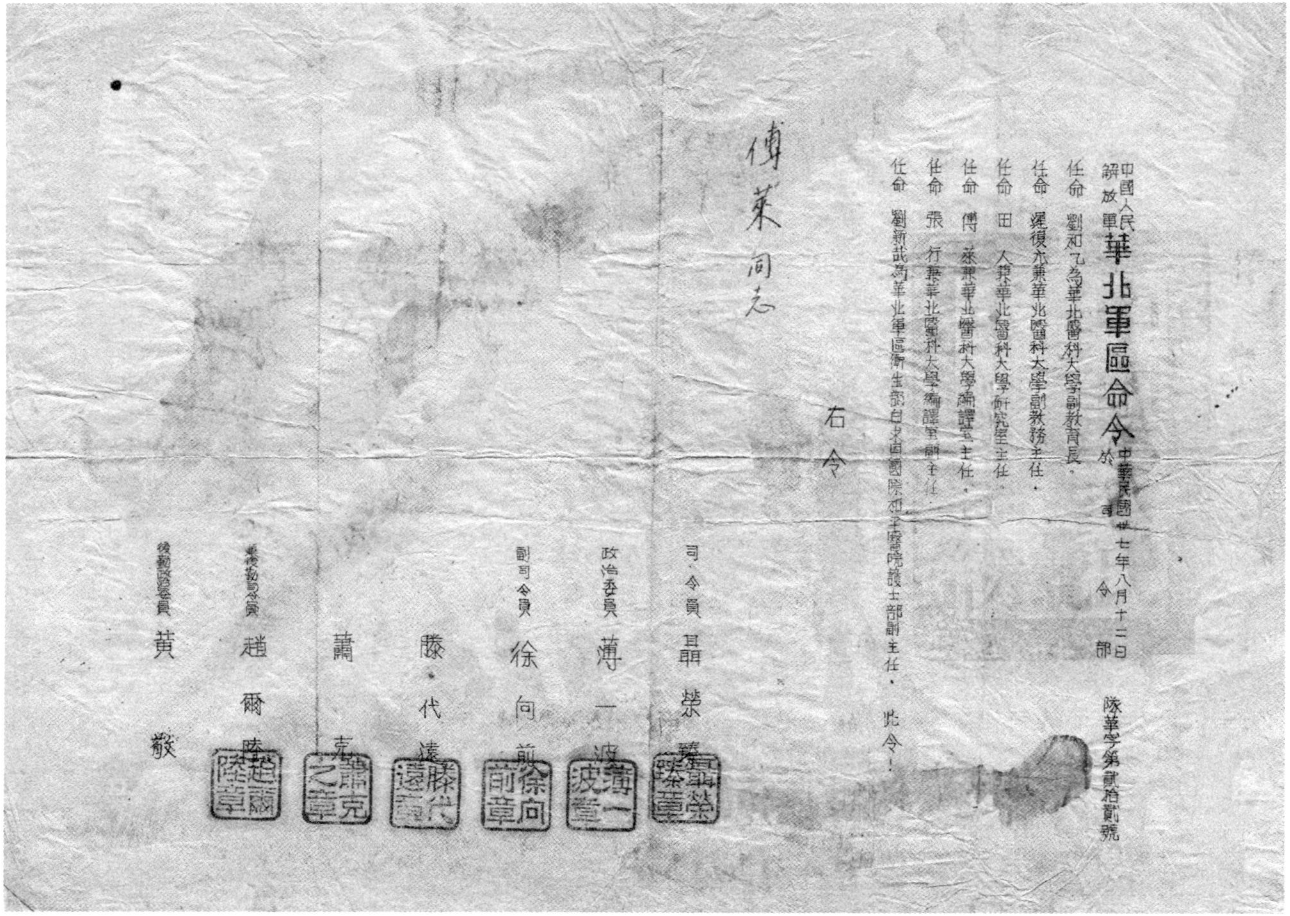

中國人民解放軍華北軍區命令 於中華民國卅七年八月十二日 司令部

隊華字第貳拾貳號

任命 劉和乙為華北醫科大學副教育長，

任命 遲復六兼華北醫科大學副教務主任，

任命 田 人兼華北醫科大學研究室主任，

任命 傅 萊兼華北醫科大學編譯室主任，

任命 張 行兼華北醫科大學編譯室副主任，

任命 劉新武為華北軍區衛生部白求恩國際和平醫院護士部副主任， 此令！

右令

傅萊同志

司令員 聶榮臻

政治委員 薄一波

副司令員 徐向前

滕代遠

蕭克

兼後勤司令員 趙爾陸

後勤政委員 黃敬

华北军区任命傅莱兼华北医科大学编译室主任的命令

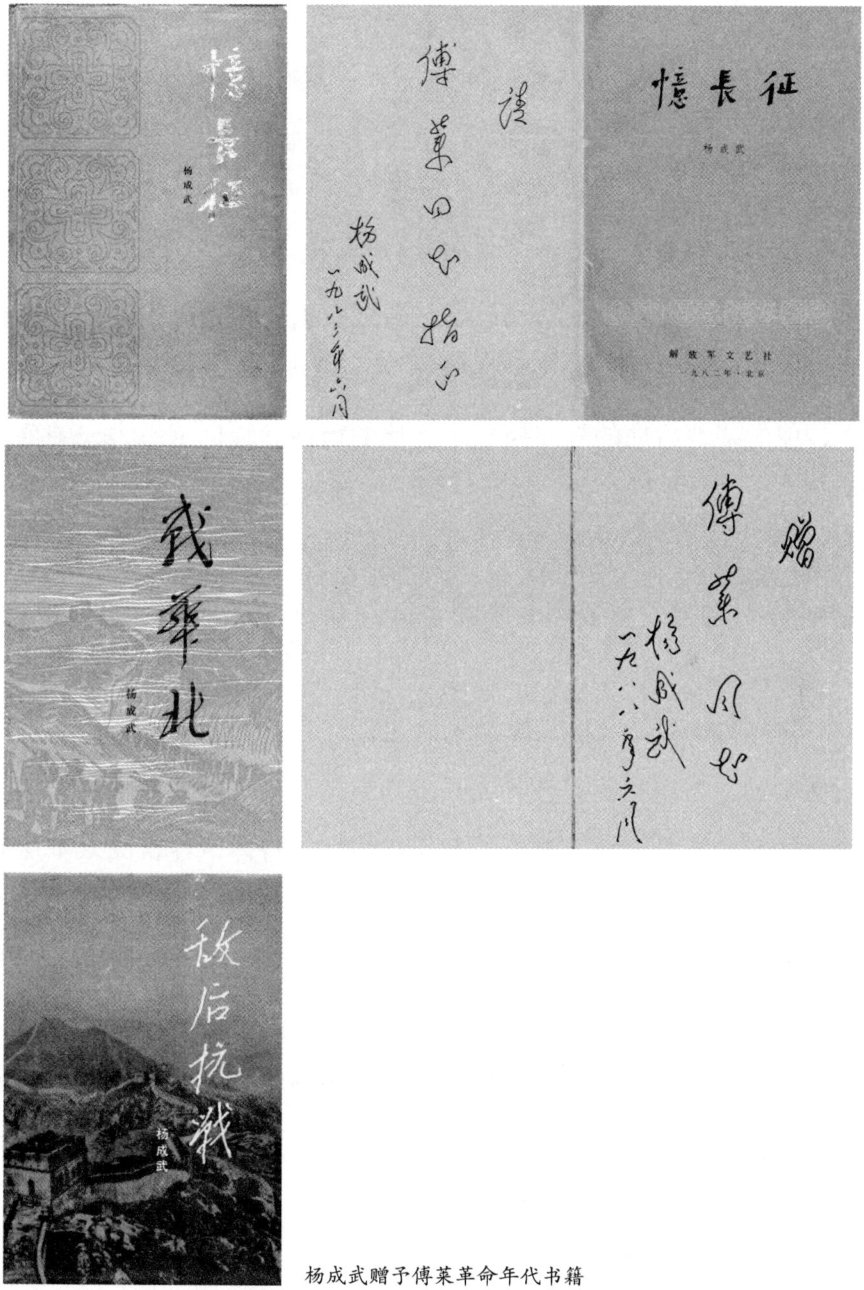

杨成武赠予傅莱革命年代书籍

生部顾问、医药卫生顾问兼华北医科大学编译室主任，并在白求恩医科大学执教。他与白校之间的渊源一直在延续。傅莱长期担任“中国白求恩精神研究会”顾问，多次组织和参加有关活动，为发扬光大白求恩精神作出了贡献。

身为一个大夫，白求恩是傅莱效仿的楷模，他又一生致力于白求恩精神的发扬光大。他在临终前希望家人能将自己的骨灰撒在唐县这个他曾经战斗和生活过的地方。傅莱去世后，在老战友的提议下，他的墓地与他的战友柯棣华和他的精神导师白求恩大夫的墓地为邻，长眠于他们曾经一起战斗和生活过的地方。

第四节　当选政协委员，挂念老区民众

从1983年到2002年，傅莱先后担任过第六、七、八、九届全国政协委员，与党和国家领导人、各族人民代表一起共商国是。在担任全国政协委员期间，傅莱不顾年迈多病的身体，经常深入基层调查研究，了解百姓疾苦。在第六届全国政协会议上，傅莱作了《赴新疆参观考察情况的报告》，对新疆维吾尔族自治区的卫生事业的基本情况进行了介绍，列举了卫生队伍、卫生事业经费不足的现状，提出了各民族医药学的继承和发扬，新疆地区传染病、寄生病、地方病的根治以及中草药资源的保护等问题，还说明了卫生事业在新疆文化建设和经济建设中的作用及地位。

傅莱心系老区人民，从来没有忘记老区人民对他的养育之情。

他利用当政协委员的机会为老区人民呼吁，不止一次在政协会议上呼吁，“我们为老区人民做得太少了，他们的生活虽比以前好多了，但有些地区改善不大，我希望各级领导、先富起来的地区多支持、多帮助老区，让那里的人民尽快脱贫致富！不要忘了，他们为中国革命的胜利付出了太大代价，作出过太多的贡献。”他经常跟青年人谈起河北阜平大台村的老房东，忘不了在那段艰苦的岁月中老百姓是怎么拥护和帮助八路军战士的。傅莱曾说：“ 经历了两次反‘扫荡’，使我懂得了中国贫苦农民的伟大，他们宁可自己吃糠，也要把仅有的粮食捐献给前方的战士，乡亲们为部队种菜，自己却吃榆树叶，为掩护部队和疏散伤员，牺牲了自己的儿女。今天生活越来越好了，我们不能忘记老区人民。”

有一次去老区探访，上了年纪的老乡一下认出了傅莱，把他当年坐过的三条腿板凳拿出来，对他说：“你还记得这条你多年前坐过的凳子吗？”当看到乡亲们珍藏的三条腿板凳时，傅莱不禁眼底湿润，心里十分感动。

傅莱十分珍惜党和人民赋予他的政协委员的权利和义务，积极参政议政，认真履行职责，十分关注中国的建设和改革开放，努力为国家经济建设和医疗事业，特别是为农村卫生保健等工作的发展进言献策。他不顾年老多病的身体，多次随全国政协视察团赴中国西南、西北等地区调查、了解情况和指导工作，写出了许多建议和提案，受到有关部门的高度重视。傅莱非常拥护党中央“以人为本”、“以德治国”的方针，认为在医务队伍中贯彻这

出席全国政协会议的傅莱

在全国政协九届五次会议上与代表朋友合影

傅莱参加政协全国第八届会议

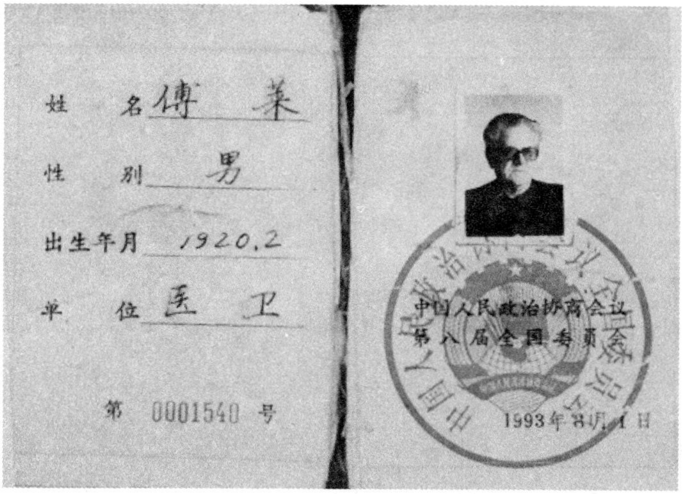

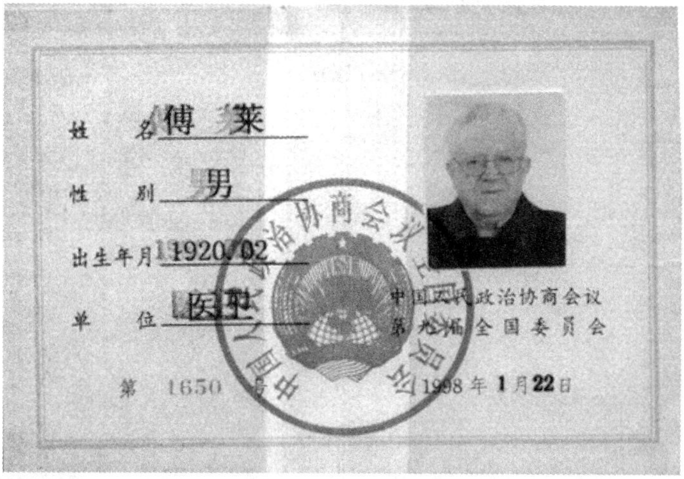

傅莱参加第八届和第九届中国人民政治协商会议全国委员会的委员证

傅莱视察制药厂

傅莱去凉山州彝族地区视察

一方针，就是要向白求恩大夫那样不仅在技术上精益求精而且要有高尚的医德，要全心全意为病人服务。傅莱的一生是这么想的也是这么做的。

第六章　最后的岁月

第一节　抗争病魔，乐观豁达

傅莱晚年患有心肺和支气管等多方面疾病，尽管疾病缠身，可是他从来没有向病魔低头，依旧保持着革命的乐观主义精神，面对病痛，他从没有皱过一次眉头，有时还会显露出调皮的一面。冰激凌是他喜欢的食品，每当家人带着冰激凌去医院探望他时，他就像小孩子一样表达出非常想吃的愿望。在傅莱去世前不久，知道他爱吃火锅，经医生同意，就特意在医院里为他涮过一次火锅，食材非常简单，是傅莱喜欢吃的羊肉、豆腐和青菜。他吃起来感到胃口很不错，还自己拿着筷子吃。看着他这个样子，我们都很开心。气管被切开，他无法用语言与家人交流，只能靠着彼此间的默契，通过眼神和肢体语言来进行交流。

这种乐观、豁达、开朗的精神不仅支撑着他顽强地与病魔抗争，还贯穿了他的一生，伴他度过那些艰难而困苦的岁月。他经历过中国最困难的时期，抗日战争时期他曾亲自到前线救助伤员，在条件极其艰苦的条件下积极开展医疗卫生工作，还研制出了粗制青霉素和用土法为患者实施“人工气胸疗法”。在抗日战争的艰苦岁月里，傅莱表现出了一个革命者的乐观主义精神，吃苦耐劳，艰苦

傅莱晚年与妻子江国珍、儿子傅维克在一起

奋斗，他在日常生活中始终和大家一样，没有任何特殊待遇。

1962年傅莱到北京开会，住在中组部的招待所里，那里的早餐，主食是一盘小馒头，里面有4个，由于长期吃不到白面，他一下子就吃完了一小盘馒头。服务员很友善地问他："是否还要一盘？"他不好意思地点了点头。于是服务员又给他上了一盘，三下五除二他很快又消灭干净了。两盘下肚后，他还是没感觉到饱，于是低声向服务员要求，能否再来一盘。这次服务员都吃惊了，可能她还从来没见过这么能吃的外国人，于是又给他上了一盘。他终于饱饱地吃了一顿饭，由此可见他的饥饿程度。

“文化大革命”时期，傅莱遭受到了不公待遇，被怀疑是“希特勒派遣的小集团”成员，受到监视和调查。但傅莱以一种革命乐观主义精神坚持了下来，他坚信党和人民有一天会还他一个清白的。

1979年，中国协和医科大学复校后，由于办公室安排紧张，傅莱主动提出到临时搭建的活动房屋办公，近两年里他在冬冷夏热、条件较差的环境中办公毫无怨言。一次，前去采访他的记者看到如此简陋的办公环境，感到十分惊讶，而傅莱却毫不在乎地说：“这比当年在延安住窑洞时的条件要好多了。”在长期艰苦岁月中培养出的革命乐观主义精神贯穿了傅莱的一生，让他在人生的最后阶段能够勇敢战胜病魔的考验。

傅莱生病期间，全国政协主席李瑞环对他十分关切，送去了花篮，祝傅莱健康长寿。

国务院秘书长华建敏、国家人事部部长张柏林都来到医院探望，给他鼓劲、加油。统战部长刘延东也前去医院慰问，并送去了补助。外国专家局的领导也多次前去医院探视傅莱。

聂荣臻元帅之女聂力将军去医院看望他时，还送去了父亲聂荣臻元帅的肖像，希望从精神上宽慰他。傅莱常常在病榻上凝视聂帅的照片，内心中顿时充满了力量。他对这位曾经给予他巨大关怀，介绍他加入中国共产党的老首长表示出了无限的怀念之情。

傅莱的小儿子傅维克此时从奥地利移居中国，专门照顾父亲。那段时间，几乎每天都陪父亲谈话、聊天，还给父亲买他最喜欢吃的面包、香肠、小菜，傅莱感到十分幸福和满足。

第二节　生前的留言

2004年11月14日中午，在北京协和医院住院治疗多日的傅莱病情恶化，虽然医务人员全力救治，但终未能挽留住他的生命。2004年11月16日1时03分，傅莱在北京协和医院逝世，享年84岁。

按照傅莱的生前夙愿，他逝世后将他的部分器官捐献给了中国协和医科大学，中国协和医院为傅莱和他的家属颁发了荣誉证书，上面写着：这是一种崇高的人道主义精神和无私奉献精神，他的这种精神将永远受到人民的赞扬和怀念。

傅莱去世后，我在整理他的遗物时，发现了他在4年前写下的“告别前的留言”。在这打印稿上还有钢笔在个别地方修改过的痕迹，没有傅莱的亲笔签名，算不得正式的遗嘱，但从平实的字里行间中，我们还是能够清晰地感觉到傅莱对人生的坦荡，对追随中国共产党的无悔，对中国人民的深情。下面是他的留言全文：

告别前的留言

我，傅莱，生于奥地利维也纳。一九三八年春天，法西斯主义德国的铁蹄入侵我的祖国。迫于法西斯德国残酷的种族迫害，我不得不背井离乡，远赴伟大的文明古国——中国，侨居上海。而当时

傅莱与儿子傅维克在大佛寺家中

傅莱住院时期与护士长的合影

聂力探望傅莱时赠予的卡片

恰逢日本帝国主义发动侵略战争，入侵中国。我对法西斯主义如此无耻野蛮的侵略行径极为痛恨，遂于一九四一年义无反顾地投身于晋察冀军区的抗日洪流之中。在长期的抗日斗争生活中，我加入了伟大的中国共产党，我与广大的中国人民建立了深厚的感情，并对中国这片辽阔的土地生出了深深的眷恋之情。由于上述原因，在中国抗日战争取得胜利、中华人民共和国成立后，我决定定居在中国。我现在已值暮年，大半生都奉献给了我的第二祖国——中国。虽然，我为中国人民的解放事业和新中国的建设事业贡献了菲薄之力，但中国人民和政府却给予了我极大的关怀和照顾。在此，我深深地感激这片美丽的土地和这里善良的人民。

我是一名中国共产党党员，是彻底的唯物主义者。我深深眷恋中国这片伟大的土地，并非常怀念纯朴无私的中国人民。在抗日战争的洗礼中，我与很多的中国朋友并肩战斗。在艰苦的战争岁月中，他们勇敢无畏地与敌人进行斗争，为了理想不惜牺牲自己的生命。我深深折服于他们伟大的人格，并有幸与他们中的很多人建立了牢固的友谊。现在，他们中的有些人已经故去，我十分怀念他们，很希望在自己身后能够与他们长眠在一起。因此，在百年之后，我希望将遗体先给医疗科研使用，火化以后将骨灰撒在河北省唐县葛洪村的田野之中，那是我曾经同很多朋友战斗和工作过的地方。我希望可以常伴那片可爱的土地以及那里的人民。

最后，我衷心地祝愿伟大的中国人民在未来和平的岁月里，生

傅莱（1920.2.11 ~ 2004.11.16）在病床上的照片
（中国人民抗日战争纪念馆馆长王新华摄）

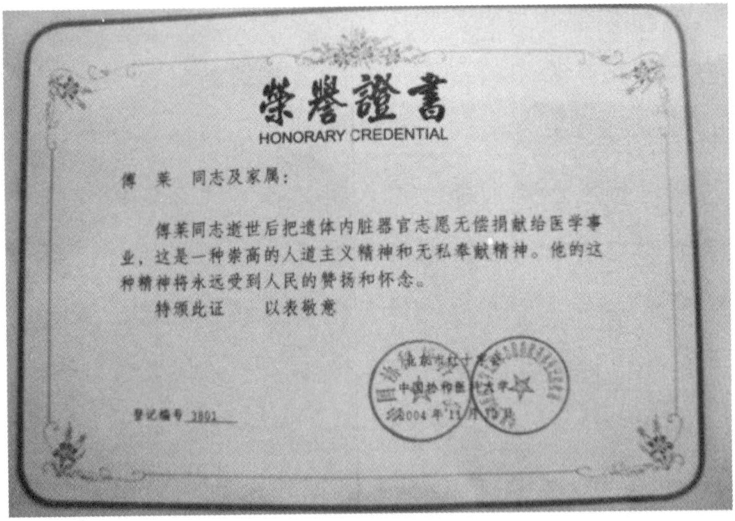

榮譽證書
HONORARY CREDENTIAL

傅　莱　同志及家属：

傅莱同志逝世后把遗体内脏器官志愿无偿捐献给医学事业，这是一种崇高的人道主义精神和无私奉献精神。他的这种精神将永远受到人民的赞扬和怀念。

特颁此证　　以表敬意

登记编号 3801

北京市红十字会、中国协和医科大学颁发给傅莱及家属的证书

活得更加幸福和美满。同时，在经济发展中创出更大成就。

（家事略——编者）

傅莱

一九九九年十月二十五日

第三节　沉痛的哀悼　深深的怀念

2004年12月3日，在北京八宝山举行了傅莱遗体的告别仪式。傅莱逝世后，胡锦涛、温家宝办公室打来电话，向傅莱夫人江国珍女士及傅莱的子女转达了党和国家领导人的哀悼和对傅莱亲属的慰问。奥地利总统海因茨·菲舍尔、奥地利驻华大使史伟、中国驻奥地利大使卢永华都发来了唁电。中国国家主席胡锦涛和中国国务院总理温家宝都向傅莱敬献了花圈，表达了对傅莱的哀悼和怀念。

卫生部副部长王陇德、外国专家局副局长李兵、全国政协常委聂力、北京协和医学院院长刘德培、北京协和医学院党委书记刘谦及傅莱生前的好友、战友、同事以及他曾经救治的病人、老区的代表等都前来向傅莱遗体告别，来送傅莱最后一程，并向傅莱的亲属表示深切地慰问。

傅莱同志治丧小组在遗体告别仪式上的讲话如下：

中国人民忠诚的朋友，坚强的国际主义战士，奥地利人民优秀的儿子，中国共产党的好党员，第六、七、八、九届全国政协委员，中国医学科学院/中国协和医科大学顾问，医学信息研究所/图书馆名誉所馆长，傅莱同志因病医治无效，不幸于2004年11月16日1时03分在北京逝世，享年84岁。

傅莱同志原名理查德·石泰因，1920年2月11日出生于奥地利维也纳，1939年1月来到中国，1941年12月赴晋察冀边区参加革命。1944年10月经聂荣臻同志介绍，光荣地加入了中国共产党，历任晋察冀军区医药指导委员，白求恩卫生学校、延安中国医科大学教员，华北军区卫生部、华北医大附属医院顾问，西南军政委员会卫生部公共卫生处负责人，重庆市卫生局顾问，重庆医学院顾问兼职教授等职。1962年至今历任中国医学科学院/中国协和医科大学顾问，医学信息研究所/图书馆所馆长，名誉所馆长职务。

傅莱同志热爱中国和中国共产党，热爱社会主义。他不远万里来到中国，投身于中国的革命事业。早在延安时期他就努力学习马列主义、毛泽东思想，努力工作，发挥自己的医疗特长。在边区流行疟疾、麻疹期间，他不辞辛苦地寻求除疾良药，深入部队做实验搞推广，为中国人民的抗日事业作出许多的贡献，受到了毛泽东主席、朱德总司令的赞扬。在担任华北军区卫生顾问时，他利用美国援华委员会寄来的部分资料，因陋就简地建起了实验室，成功地研制了粗制盘尼西林，缓解了因日蒋封锁，我军用药奇缺的困难，受到边区林伯渠主席的嘉奖。在边区担任医学教员期间，他努力学习汉语和中国文化，克服语言障碍，并千方百计克服材料和实验器材严重缺乏等各种困难，为我军在抗日和解放战争时期培养了大量急

北京八宝山傅莱同志的遗体告别仪式现场

中国医学科学院、北京协和医院院长刘德培慰问傅莱夫人江国珍

卫生部部长王陇德、外国专家局副局长李兵等向傅莱遗体告别

聂力将军、著名歌唱家王昆向傅莱遗体告别

需的医务工作人员。他奔赴前线救治伤病员，被人们亲切地称为白求恩式的“洋大夫”。新中国成立后，他选择了继续留在中国，参加建设中国社会主义，并在第一次全国人口普查时加入了中国国籍，表现了他热爱中国的赤诚之心。几十年来他与中国人民同甘苦、共患难，无论是在顺利时，还是在遭受各种挫折时，他都从未动摇过革命的信心。他顾全大局，不计名利，多年坚持在中国西南地区工作，经常深入该地区的边远农村和少数民族地区了解钩虫病等地方病的发病情况，并为防治钩虫病等其他地方病撰写了大量的调研报告。1962年调入医学科学院信息所后，傅莱同志更是把全部的热情投入到国家的医学情报事业中去。他强调要有效地利用现有信息资源，引进先进手段，提供高质量的信息服务。他注重培养年轻的科研人才，鼓励年轻人深入基层了解科技人员对信息的需求。1985年，傅莱同志退居二线，他虽已年过花甲，但仍然关心所馆的建设与发展，提出了许多合理化的建议。他利用自己的有利条件，为国内外科研交流牵线搭桥，曾不辞辛苦地先后到了许多国家及国内二十几个省、市、自治区。他多次在各地举办医学情报专业学习班，促进了国内医学情报的发展。同时，他经常利用自己的身份，通过各种方式和新闻媒体等，向世界各国的朋友宣传中国和中国的建设成就，使许多外国朋友认识和了解中国，为促进中外交流和国际间的合作作出了许多的贡献。

在担任数届全国政协委员期间，他积极参政议政，关注中国的改革开放和建设，并为国家经济建设和医疗事业的发展进言献策。

他不顾年老多病，多次随全国政协视察团赴中国西南，西北地区调查了解情况，指导工作，写出了许多好的建议和提案，认真践行了一个政协委员的职责，他坚持马列主义和唯物主义世界观，晚年时还提出将他的遗体脏器献给国家医疗事业作研究之用，将其骨灰撒在曾经战斗过的地方——河北省革命老根据地唐县葛公村。

傅莱同志参加革命六十多年，把中国作为自己的第二故乡，把中国人民的事业看做是他自己的事业，即使在最艰苦，最困难的时刻也保持着坚定的革命信念。他为人正直，以身作则，坚持原则，工作勤恳认真负责，多次受到政府的奖励和表彰，曾荣获中华人民共和国三级独立自由勋章、三级解放勋章，1987年获卫生部颁发的科学贡献奖等等。几十年来他得到了党和国家历任领导人的关怀和多次的接见。傅莱同志为中国的独立解放和建设事业献出了他毕生的精力。

傅莱同志治丧小组

2004年11月27日

奥地利总统海因茨·菲舍尔的唁电译文如下：

尊敬的江女士：

我谨以我个人和奥地利共和国的名义向您先生的去世表示沉痛的哀悼。理查德·傅莱先生早年受纳粹独裁的迫害背井离乡来到他的第二故乡中国，并积极投身政治，最终成为了中国人民政治协商会议代表，享有很高的声望。我常常会想起和您先生多次在维也纳或北京的碰面与交谈。我们将满怀崇敬的心情怀念他。

深表哀悼！

海因茨·菲舍尔

2004年11月18日于维也纳

江国珍给菲舍尔总统的回信如下：

最尊敬的总统先生：

我以激动的心情得到您通过大使先生转来的您的唁电。感谢您的敬意和您对我刚去世的先生理查德·傅莱的尊敬以及对他的高度评价。这种友谊我会永远记在心里。

我衷心祝愿您和您的人民永远和平幸福！祝愿您和您的家庭：圣诞快乐，健康幸福！

最后我对您表示最崇高的敬意！

江国珍

理查德·傅莱妻子

奥地利驻华大使史伟唁电译文如下：

尊敬的江国珍女士：

惊闻您先生理查德·傅莱先生去世的噩耗。

您先生的一生，正是中奥两国当代交往历史的真实写照。他从中产生的影响，给所有熟悉他的人留下了深刻的印象。

他在奥地利众多的朋友也会深深地为他的去世感到遗憾，并将他永远保存在记忆之中。

在此，请允许我代表奥地利驻华使馆及以我个人的名义，为您和您的家人所遭遇的不幸表示真挚沉痛的哀悼。

谨表默哀！

史伟

2004年11月16日于北京

中国驻奥地利大使卢永华的唁电如下：

尊敬的傅莱夫人：

惊悉傅莱同志不幸去世，我们深感悲痛。傅莱同志为中国人民的革命和建设事业、为中奥两国和两国人民的友好作出了重要贡献。他的去世是我们的巨大损失。我谨代表中华人民共和国驻奥地利大使馆并以我个人的名义向您和您的亲属表示深切的哀悼和诚挚的慰问，希望您节哀顺变，珍重身体。

卢永华

2004年11月16日

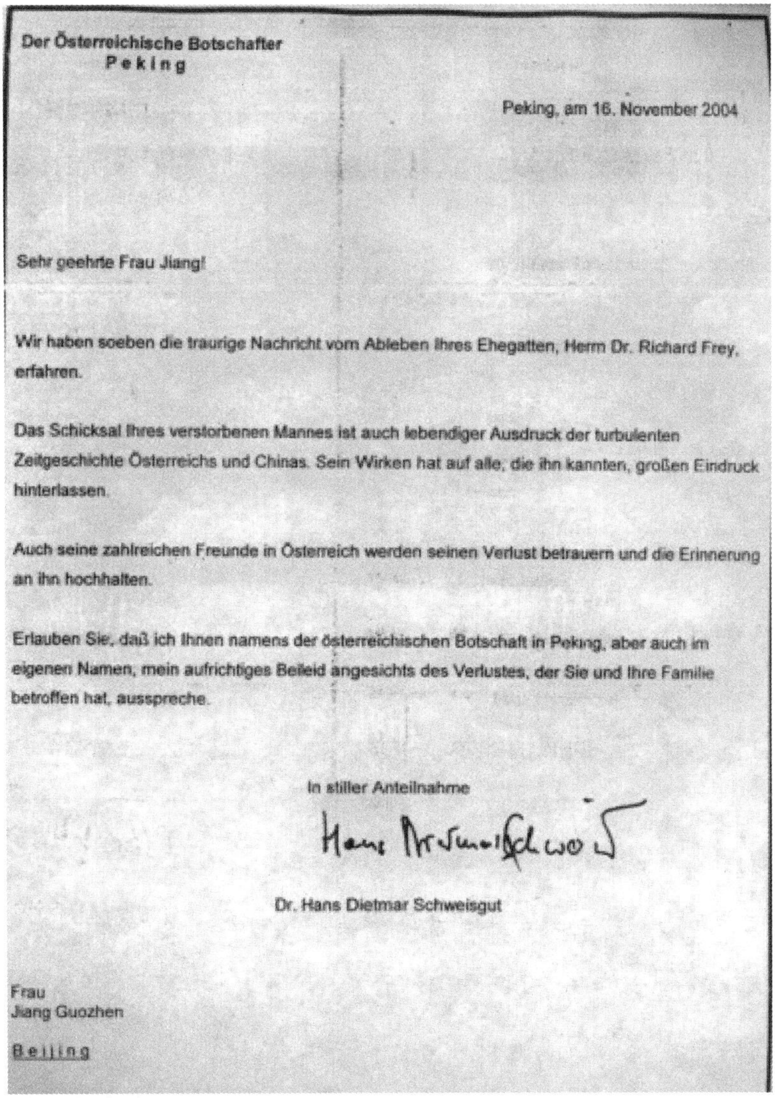

Der Österreichische Botschafter
P e k i n g

Peking, am 16. November 2004

Sehr geehrte Frau Jiang!

Wir haben soeben die traurige Nachricht vom Ableben Ihres Ehegatten, Herrn Dr. Richard Frey, erfahren.

Das Schicksal Ihres verstorbenen Mannes ist auch lebendiger Ausdruck der turbulenten Zeitgeschichte Österreichs und Chinas. Sein Wirken hat auf alle, die ihn kannten, großen Eindruck hinterlassen.

Auch seine zahlreichen Freunde in Österreich werden seinen Verlust betrauern und die Erinnerung an ihn hochhalten.

Erlauben Sie, daß ich Ihnen namens der österreichischen Botschaft in Peking, aber auch im eigenen Namen, mein aufrichtiges Beileid angesichts des Verlustes, der Sie und Ihre Familie betroffen hat, ausspreche.

In stiller Anteilnahme

Dr. Hans Dietmar Schweisgut

Frau
Jiang Guozhen

B e i j i n g

奥地利驻华大使史伟亲笔签名的唁电

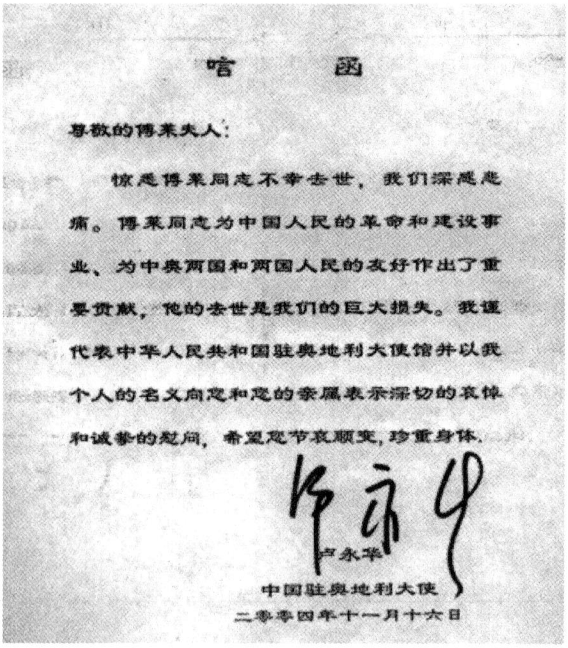

唁函

尊敬的傅莱夫人：

惊悉傅莱同志不幸去世，我们深感悲痛。傅莱同志为中国人民的革命和建设事业、为中奥两国和两国人民的友好作出了重要贡献，他的去世是我们的巨大损失。我谨代表中华人民共和国驻奥地利大使馆并以我个人的名义向您和您的亲属表示深切的哀悼和诚挚的慰问，希望您节哀顺变，珍重身体。

卢永华

中国驻奥地利大使

二零零四年十一月十六日

中国驻奥地利大使卢永华亲笔签名的唁电

江国珍给大使的回信如下：

尊敬的大使先生：

我衷心感谢您对我死去的先生理查德·傅莱的哀悼和关心。

您给我的信使我认识到这段历史意味着我们两国人民有着深刻的相互理解。我将会在我的未来，尽我最大的努力，为中奥两国的友谊而奋斗！

衷心感谢你们大使先生和您的同事们。祝你们圣诞快乐！

傅莱妻子　江国珍

好友柯棣华夫人郭庆兰给江国珍的亲笔信如下：

国珍同志：

你好！很对不起我未去参加傅莱的追悼大会。开始我很想去，后来孩子们劝我不要给同志们增加麻烦。孩子们亦不支持我去，所以我发了唁电，并告诉单位送一花圈以表哀悼，很对不起。今有一要求希望你能把全家照片寄给一张。因为我很怀念你们全家。

以此寄托哀思

此致

节哀保重

柯棣华夫人

郭庆兰

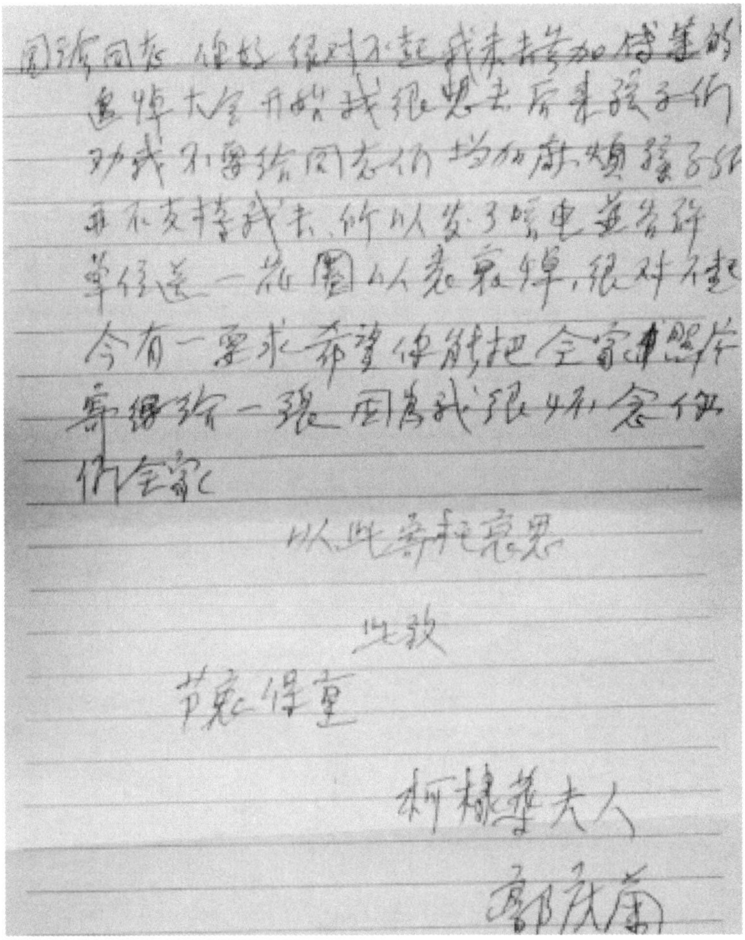

国珍同志 你好 很对不起我未去参加苏华的
追悼大会开始我很想去可是孩子们
劝我不要给同志们增加麻烦孩子们
都不支持我去，所以发了唁电并委托
单位送一花圈以表哀悼，很对不起
今有一要求希望你能把全家照片
寄给我一张 因为我很怀念你
们全家

以此寄托哀思

此致

节哀保重

柯棣华夫人

郭庆兰

柯棣华夫人郭庆兰给江国珍信件的原件

/ 第二编 /

傅莱留下的文字

第一章　傅莱的文章和讲话

第一节　发表过的文章

从不动摇自己的信念

我在病中听了江泽民总书记的“七一”重要讲话，激动不已。我有很多心里话要对党说。

我在中国生活工作了62年，同中国人民一起共同奋斗，并加入了中国籍，成为伟大的中国共产党的一员。我还连任第六、七、八、九届全国政协委员。回想我这一辈子，我忠于革命理想，从不动摇自己的信念。我为此感到自豪。

我生于奥地利，后来参加了奥地利共产党的地下工作。1939年，我来到中国。在晋察冀，我加入了共产党领导的八路军。在反“扫荡”中，我耳闻目睹根据地人民为保护八路军伤员而牺牲自己孩子的动人事迹。在这里，我看到了中国的希望和未来。我萌发出加入中国共产党的愿望，并于1942年提出了入党申请。

抗战的几年，因为我有医疗卫生方面的特长，我被安排到白求恩卫生学校，为部队培养医务人员。我一边搞教学，一边搞科研。在当地老中医的帮助下，我找到用针灸控制疟疾的办法。我还成功制出“土”青霉素，能治疗伤病员的伤口和一般炎症。我能为中国革命做点事情，不用提有多高兴！

1944年，在延安，我连续3年提出的入党申请终于得到批准，聂荣臻是我的入党介绍人。我还记得当时宣誓入党的情形。

新中国成立后，我到重庆卫生局工作，后来又调到北京。改革开放后，我作为中国医学科学院情报所副所长，负责同世界卫生组织搞一个合作项目，短短几年时间，初步建立了以电子计算机为核心的卫生情报网络系统——具有世界一流水平的医学文献分析与检索系统中国中心（美国国立医学图书馆医学文献分析与检索系统第16国际检索分中心），终于在1987年6月在北京中国医学科学院医学信息研究所内建成，面向全国服务。

我目睹了改革开放以来中国的巨大变化，其成就令人难以想象。现在，全国城乡搞了很多建设，发展速度很快。当然，中国在发展中也出现一些问题，比如腐败以及假冒伪劣产品。党正在下大力气解决这些问题。正如江泽民同志在“七一”讲话中所说，“勇于正视和解决存在的问题”，“不断加强和改进党的建设”。中国共产党有这个能力，也有凝聚力，我对此充满信心。

我们党是一个伟大正确的党。这点我毫不动摇。

七一抒怀

（《人民日报》2001年7月7日第1版）

我钦佩的战友

人到六七十岁，特别喜爱回忆点什么。过去熟悉的，或已淡忘的事情，经人偶一提起，便如串珠般呈现在眼前。然而到底是年代久远，真待执笔为文这回忆又只余下不连贯的片段了。为了纪念亡友柯棣华，且试着记下我们当时那段回味无穷的生活片段，献给今天的青年朋友们。

以强烈的事业心和恒心学中文

我是奥地利人，身居异国，在最初的那些日子里，感到最难过的是不能“畅所欲言”。这并非有什么难言之隐，而是不会使用中国语言。往往是憋着许多的话想对同志们说，但又表达不出或不能完全表达我的思想。倘若能遇到一位同语系的人，那亲热就很有点“他乡遇故知”的劲。当我和柯棣华第一次见面，用英语互致问候时，那心情如何激动就不必细说了。

那是1941年冬天。当时，柯棣华在白求恩国际和平医院任院长，我被分配到白求恩卫生学校任传染病学教员。医院和学校实际是在一起的，开始我在村南头住，后来领导考虑便于照顾我们，安排我与他作邻居，所以我们交谈的机会比较多。一开始，我们谈得最多的便是中文入门。

柯棣华比我早到中国一年。我们见面时，他已经能用比较流利的汉语讲课，甚至直接用中文备课。我准备的教案则需要经过三道工序：先外文，再中文，再注音——请同志们帮助把我不认识的汉字用英文字母注出。我对柯棣华进步之快表示钦佩。他摇摇头说："不行，这点进步全是逼出来的。"他告诉我，在广州时，他和巴苏、木克一起下馆子，因为说不清"烧鸡"二字，只好在纸上画，偏偏画得不像，结果端上餐桌的竟是炸青蛙——中国称之为田鸡！就在来晋察冀的途中，他在老乡家吃饭，因为他将主人问他"吃没吃饱"一语误听为"吃不饱"，又混淆了"没"与"不"的字义，便连说"没没没"。于是，热情的主人又为他加饭添菜，搞得他颇为狼狈。他深有感触地说："最初认为学中文很简单，因为中文不像英语有性和数的变化。其实不然，说话还容易一点，读和写就很难了。他说他最怕板书，常因多一笔少一笔出笑话，如分不清"般"和"股"，"球"和"救"，结果将"一般"写成"一股"，将"急救"写成"急球"。我说我不但怕写，就是说也出过洋相。有同学问我家乡有无高山，我回答说，不但有，而且比你们这里的山高"好几次"！在德语里，次和倍是一个单词，而在中文里这两个字却是各有所用。柯棣华听了也哈哈大笑。

不过，我们共同的感受是庆幸生活在一个好的环境里，周围有一群乐于助人的同志。他们的热情使你不能稍有懈怠。譬如我们房东家的孩子，就常常"逼"我们说这说那。当然，归根结底还是要有恒心，准备在中国干一辈子。

既然读和写是我们共同的难题，就在这上头下功夫吧。又过了半年，我发现他有长足进步，汉字写得相当漂亮。1942年夏天，上级要求每个干部写一份自传，填一份履历表。他毫不踌躇，用中文洋洋洒洒地书写起来。他还写了不少整风学习笔记，抄录了不少上级文件。若从书法角度看自然不必特别介绍，但我可以毫不含糊地肯定，他的字却比我们一些同志的字要好看一些，起码不短横少竖或别字连篇。真不知他是下了什么样的功夫！

我又向他讨教去。他装出一本正经的样子说："有个中国老婆就好喽！"顺便提一句，称妻子为老婆未免不敬，但那时我们为表示自己也是土八路，用词造句是尽量模仿乡村中用语的。这是题外话。我理解柯棣华这句趣话无非是时而教之与时而习之的意思。遗憾的是，尽管以后我也有人时而教之，却因为没时而习之，读与写这两座大山至今还没有完全征服。即使现在用中文写稿子，也尽量是写小点、写草点，以掩盖缺胳膊少腿的马脚。倘若当年我能像柯棣华那样用功，写这篇短文何至于如此！

并非是天生的优势

在生活上，柯棣华值得我羡慕与钦佩的事就更多了。我羡慕他能穿草鞋，那用草或布条编织的草鞋，他穿着是那样熨帖舒适。我不行，一穿那物什脚就打泡。曾经咬牙坚持几小时，害得路都走不了，只好作罢。他甚至敢打赤脚。我们住在青虚山下，山乡小路上什么没有？猪粪狗屎不要紧，我们都不大在乎脏。令人发怵的是小石子、干蒺藜。他不怕。我羡慕他敢吃辣椒，那干烤的红辣椒，只那辣味就足以令人闻而生畏，他敢大口咀嚼用以佐饭。那时油少、盐少、菜少，开胃的也只有此物。校长吃，教员吃，我也学着吃吧，可真不如柯棣华来得轻松。我羡慕他能睡炕。老乡家的土炕大都和炊灶相通。一日三餐，炊火的余热便进入炕底；加之房东偏爱，生怕冻着我们这些八路军里的外国兵，每顿都要多烧几把柴，有时烤黄了炕席。这如何能睡得下？一是热，二是硬，每人又只有一条褥子。一夜睡过，躯干突出部位便有些吃不消了。柯棣华就适应，哪怕炕再热、再硬，只铺一令席，他也能鼾声大作。能过苦日子，这是他的“优势”，我较他是不及的。

难道他天生就具有这优势？他家境虽不富裕，但衣暖食饱是有条件的，他还能接受高等教育嘛！我看过他全家合影，也是衣冠楚楚呢。他的“优势”使我记起中国的一句古语：“随俗为变”。用我们今天的眼光看，叫做“和群众打成一片”。柯棣华是很懂得艰苦与共和同心同德的关系的。

当然，我们毕竟是外籍同志，我们的生活是得到了特殊照顾的。聂荣臻司令员常批一部分细粮给我们，我们住在三分区的防地，担任分区政委的王平同志也常送给一些战利品。就是部队靠黑豆野菜过生活的艰苦日子里，我们也有小米吃，也吃过黑豆，那不是当粮而是当菜。这种特殊待遇常使我们为之感激，也为之不安。柯棣华曾正式要求取消特殊照顾，没被批准，他就自行其是。譬如我们改善生活，每人能分得一碗肉菜，他会端着去护士班，与小鬼们分而食之。他在其他方面也注意和大家一致起来，如尽可能参加出操、勤务和生产运动等。待人接物也平等，决不摆院长的架子。布置工作、下达指示也是笑眯眯的。

听不懂的京剧及其他

后人看柯棣华的照片，端正斯文的面庞上似乎缺少生动的表情，认为他像是个在人前羞于启齿的腼腆人。其实他很风趣，常常妙语连珠，逗得同志们捧腹大笑。

我们八路军有个很好的传统，越是艰苦，越是乐观。1941年和1942年，行军转移，一天走百十里地是常事。就这样，只要有机会也要开个联欢会。那时候讲究官兵同乐，不管你有什么样的资格，观众也敢拉你登台表演，我们也不例外。柯棣华拿手的是独唱，他有一副好嗓子，会的歌也多。给我印象很深的是用中英文重复演唱的一支美洲歌曲《老黑乔》，歌词大意是：

“欢乐的青春已经长逝，
棉田里的友伴也无踪影。
辞别了人世到更好的地方，
我听到他们柔声相唤：‘老黑乔。’
因为我的头已经低垂，
我听到了他们柔声相唤：‘老黑乔’。”

他演唱得低沉、伤感，表现了美洲黑奴痛苦的生活。一曲歌罢，观众个个陷入了沉思。

他演唱英文歌曲，但也揣摸中国古老的艺术形式。我们教务处最拿手的是京剧，能凑起一个不错的班子来。像现在担任白求恩医科大学顾问的康克同志，能唱须生还能反串青衣。他在《打渔杀家》中饰肖桂英，不但唱功好，扮相也不错。柯棣华喜欢跟着他来两句。有一次竟高声唱起来。由于他那南亚人浓重的口音，再加上跑调，谁也没听清他唱的是什么。

柯棣华深知宣传鼓动工作的重要性，也很善于鼓动。记得一次我们到离敌人封锁线不远的一个村子去背粮。返回已是后半夜了。开始，大家把装满两个裤腿的粮食驮在项上还不觉得怎样。几十里路走下来，呵欠声此起彼伏，脚步渐渐慢了。这时柯棣华突然提议要和我竞走。以我这一米九二的体格自然不怕他这个不到一米七的小个子。于是，在队伍前列我们拼起脚步来。他不但拼力竞走，还时不时地做一两个印度妇女头顶家什、双臂平衡的姿势逗乐。后边的同志为了看热闹，你追我赶，笑语喧哗，不知不觉又走了十几里路。待到达驻地，方见他面色苍白，汗珠滴滴，我不由得懊悔起来，本不该响应他的挑战啊！

就这样一位性格坚强、开朗，对中国人民解放事业怀有一颗赤诚之心的好同志，竟被癫痫夺去了生命。12月8日晚9时左右，我得知他发病之后立即赶去，这时，校长江一真、医院协理员和医生、护士都已经赶到。开始，他发作间隙在一小时左右，随后十几分钟抽搐一次，午夜过后，抽搐便不能缓解了。一切想到的办法，一切能用的药全用上了，可终究没有能挽救他。12月9日6时15分，我的听诊器里失去了他心搏的响声。

他才三十二岁呀！就这样早早地告别了我们，他不能甘心！就在他逝世前不久，我问他想不想祖国、家人，他略一沉吟，告诉我说：想，想得厉害。特别是太平洋战争爆发后，印度面临被占领的威胁时，他有过回国打游击的想法。可他也认为凡侵略者染指的地方，无论东西南北都是一个战场。那次我们谈了很长时间，他说起他父亲的死，说起了年老多病的母亲，说起了兄弟姊妹们。言语间流露出家国相思之情。然而，他再不能见到他的祖国和亲人了。

值得欣慰的是，他的向往实现了。印度独立了，中国解放了。假如真有九泉，在那里的柯棣华一定会高兴的。不过他会满足吗？他不再会寄什么希望于我们吗？他会期望什么呢？当我们缅怀这位为中印友谊献出了生命的先驱者时，我认为应当认真地想想。

关于处理创伤的化学疗法

今天，我们要讨论一下使用磺胺治疗创伤的几个问题：我们必须要重新检查化学疗法的长处和短处。必须着重指出，化学疗法在处理创伤方面是有它一定的限度的。大家也许都知道，我们边区早在两年前就开始使用磺胺了。只有在过去一年里，磺胺才被广泛的用在处理创伤上。最初，我们对这类药的使用没有经验：灭菌法做得不合适；剂量往往用得太小；诸如此类的错误大部分都已经克服了。根据我所知道的一些报告，说明创伤化脓性炎症已经减少了许多。有人以为这是因为有了磺胺，而不是因为有了外科疗法上的某些改革。过分强调了磺胺疗法的效果，在我看来，这是过高估计了化学疗法，同时也显示了对正确的化学疗法还不够重视。事实上，这种磺胺至上的强调是不正确的，因为它会使人得出这样错误的理论“磺胺可以无条件的防止感染”或者“化学疗法可以代替适当的创伤处理”。两次的世界大战和我们自己的经验都可以使我们很明确的认识到：输血法。输血浆法和化学疗法都仅仅是有帮助创伤外科治疗的效果；但没有一个能代替外科疗法。在防止感染方面，只有破伤风疫苗注射可以得到美满的结果。在效果上，唯一能和这样预防注射相比的就是创伤初期切除。像磺胺这类药，最大的用处仅是用来阻止创伤外科处理中将要发生或者已经发生的合并症（化脓机转）而已。

可以这样说：创伤局部组织的变化比较细菌感染的意义更加重要。葡萄状球菌和破伤风以及七星壤菌疽（梭状菌）等的感染，主要是因为创伤里有了无生活技能的组织或凝血块，也就是说，有了大量的创伤蛋白质。这种蛋白质是上述细菌很好的培养基，靠着这样的培养基，它们能够繁殖，并侵入附近的组织，最后继续扩大而形成大量的创伤蛋白质，那就不会发生浸润性感染；而浸润性感染只发生于溶血链球菌侵入的时候。这是使用磺胺对溶血链球菌的侵入才比较有效。这是一个应该牢记的重要事实。

无生活机能的组织性血块和过多的渗出物都是使创伤化脓的主要诱因。也可以说，创伤病原体毒力的大小，是依照无生活机能的组织蛋白质溶解的程度的多少来决定的。无生活机能的组织或者腐骨会阻碍用于创伤里化学药品的效力；也就是说，必须先把创内无生活技能的组织完全切除，才能避免化脓性炎症的发生。这里还应该指出：不必要的频繁的换药，会增加创伤的渗出物，很可能给病原体造成一个有利繁殖的条件。

有人证明创伤病原体里有不少对抗菌药有天然的抵抗力；最显著的有破伤风杆菌和气性壤疽菌。它们能抵抗磺胺和潘尼西林。临床经验也告诉我们，磺胺治溶血链球菌的感染极有效，抵抗葡萄状球菌就差些，对气性壤疽就比较的无效了。潘尼西林倒是抵抗葡萄状球菌的一种好药。可是这种药对其他的感染（如破伤风或气性壤疽）就没什么效力了。

处理化脓性创伤唯一立刻见效的办法就是外科治疗（参见其他论文）（无生活机能的组织切除和创伤蛋白质的除去），手术后的继发性出血和浆液性渗出（这都是说增加创伤蛋白质）应该用夹板，压迫绷带，石膏绷带，或者创伤二次缝合来防止它。

其次，磺胺的局部敷用一般比不上内服或者注射那样有效果。我们知道，世界上现在还没有任何抗菌药能够完全消灭开放性创伤里的细菌，并同时不给组织任何大的损害，磺胺自然亦不能例外，不仅如此，局部敷用磺胺有时可能对创伤起了异物的作用而延迟了创伤的愈合。如果内服或者注射，那么所得的效力就比局部敷用所得的大的多。可是经口服的剂量一般是要比局部敷用的剂量大，在目前条件下难以这样做到，因此磺胺在化脓的情况下就失去了效力，所以不注意改良外科切除术而盲目的局部使用磺胺，不只是一种浪费而且也是不符合于治疗原则的。这种错误在我们边区目前还很严重。

最后，须要指出：在任何条件下，我们应该尽最大努力来进行外科疗法，尽可能解救伤病号的贫血症，改良伤病号的营养，加强一切手术后疗法。这些就不是化学疗法所能代替的了。

附注：本文参考贝氏现代战争外科学和美国医学会杂志。

（发表于《华北医刊》创刊号，1948年8月第79 ~ 81页）

止血带的用法

在现代战争治疗中，止血带是一种不能缺少的器械。用得正确，它可能有救命的作用；用得不正确，它也可能造成许多本来可以避免的损失。我们常发现这样的不幸事情：一个伤号被抬到医院的时候，他的伤肢已经因为一路上止血带用法错误而失去生活机能。很明显的，我们的医务人员还没有彻底了解止血带的正确用法。今天，我们就要把几个要点弄清楚。

必须严格的规定：止血带只准许用来制止动脉性出血，而且也还是只准许在极需要时候才用它。

乱用止血带找来许多危险，因为一来它会引起压迫作用，二来长时间（2–4小时）断绝血液供给会使伤肢失去生活机能。断绝血液供给可能是创伤感染的一个诱因，这一点应该用统计方法来研究。

有不少人用止血带制止毛细血管或者静脉性的大量出血。这时候，又往往因上的太松，这样，止血带并没有把血液供给完全切断，只是增大了静脉血压，反而使出血更多。

使用止血带的适应症有哪些？

1. 原发性动脉出血：碰到这种情形，先要检查所要处理的具体创伤的实际状况。只有在证实的确不能用结实的垫子和压迫绷带并且完全抬高伤肢的办法制止出血之后，才可以决定使用止血带。做火线救护，也许“没有功夫”来观察压迫绷带的效果如何，为了“保险些”，也还可以使用止血带。但是，这只能当做一种临时的代用品，伤号一运到绑扎所，就应该把它松开，重新检查创伤。

2. 保持手术区无血：当做折断或关节手术的时候，止血带可以保持手术区无血而节省了许多时间。但是，手术后需要上石膏绷带的，在手术中就不要用止血带，这点要记清楚。

3. 继发性出血：当做完折断手术后，要预备一个止血带，很松的绑扎在伤肢上或者靠近伤号的头。当处理一个感染很重的四肢创伤时，应该时刻意识到这种感染可能很容易的影响到血管而使它出血。这时候，当然也要预备一个随时可以应用的止血带。

用法说明，应该注意的事项和可能发生的危险：

1. 上过止血带的伤号要有明显的标志，我建议，应该用碘酒或者红汞液在伤号头部前书一个大的“止”字，表示这伤号已经上了止血带。除了这个，还要把这事情写在伤票上，并且告诉伤号本人和他的陪伴人员记住把这事情报告给医生。绝对不要让衣服遮住止血带，因为一遮住它就很容易被疏忽了。

2. 使用止血带不要持续太久，绝对不要连续使用一小时以上，因为长时间的压迫和断绝血液供给会降低组织的生活机能和抵抗力；这样就容易促进化脓性炎症和一些致命的传染病（气性壤疽，破伤风等）发生。应该每30 ~ 45分钟松开止血带几分钟，如果需要，还得用手指压住出血脉的近侧部来代替止血带制止出血。当松开止血带时候，要观察创伤状况，如果受伤血管不继续出血，就不用再上紧止血带，但是不要把它卸下来，要准备需要的时候再上紧。前线医生如果有百分之百的把握认为某个具体创伤必须做离断手术，就应该在尽可能靠近创伤的部位上扎紧止血带，不到手术完了不松开它。

可以肯定地说，使用止血带的时间是极需要受限制的。使用时间的长短决定于伤号的原本营养状况和他所受创伤的程度。同样长的时间对于营养不良的伤号可能发生危险，而对于营养很好的倒很可能不出事情。创伤越大，组织生活机能和抵抗力就越低，止血带使用的时间也就应该越短。

3. 止血带上得太松有什么害处？止血带如果上得太松，那就只会压住静脉，而动脉循环并没有被完全断绝，血液还是会从周围毛细管到达静脉，这就增大了静脉血压，也就使出血更多了。

4. 止血带上得太紧有什么害处？太紧了，会使附近的肌、神经和血管受到不必要的压迫。神经对于压力特别过敏，容易产生本来可以避免的麻痹（特别是上臂的末梢神经）。血管如果受到太大的压力，血管内膜容易受伤，而使松开止血带后产生血栓。

5. 到底要上多紧才合适？只要上到能制止动脉出血就够了，不要再紧。

6. 要把止血带固定住：扎上止血带后，要特别注意不要让它自己滑掉或是松开。担架不断的摇晃可能会使止血带滑掉或是松开而引起大量出血，这要特别注意。

7. 止血带对于皮肤的影响：止血带的压力首先影响到皮肤。窄的止血带还可能使皮肤受到挫伤和其他的损害。如果当上止血带的时候，把皮肤掐住，就会引起剧痛。要记住，绝对不要把止血带一直扎在皮肤表面，一定要隔些像毛巾衣服之类的东西才好。有很多例子，在上止血带之前，不用脱掉伤号的衣服，连棉衣服也可以不脱，只是拧紧止血带比较费些工夫。

8. 上止血带的手法：对伤肢做任何动弹都增加损伤，还会引起或者加重休克。当上止血带的时候，要特别小心避免对伤部做任何不必要的移动。

最后，我要强调地说，每个医务工作者应该记住：止血带拿在未受训练人员的手里是一种危险的器械。我们应该注意，要使每个救护员和指战员都学会照着上述的规则使用止血带。如果当接收伤号的时候，不主动地去寻找有止血带的伤号，就是一种严重的错误。只要有明显的标志和高度的警惕性，就可以避免这种错误。

（发表于《华北医刊》创刊号，1948年8月，第82 ~ 85页）

人民保健组织学

序

中国人民的卫生事业是在中国共产党的领导下，随着人民革命的发展和社会主义建设事业发展的需要和可能，从无到有，从小到大逐步形成、发展和壮大起来的。在我国各个革命时期中，人民卫生事业与其本身人力及物力比较起来，其成绩是惊人的，贡献是巨大的，发展速度是飞跃的。它已取得了极丰富的宝贵的经验。因此党中央，毛主席曾多次给予人民卫生工作以很高的评价。但从总的来讲，这个年轻的事业尚不能完全满足拥有6亿5千万人口的、多民族的、区域广大的国家的需求。正在高速度进行社会主义建设的中华人民共和国，需要一套完整的保健理论、组织机构、工作干部和工作方法。这虽是我们前进道路上不可避免的困难，但这个事实本身不能不影响到工作的开展。毫无疑问由于党的坚强领导，随着国家建设事业的发展，具有独特形式的中国新医药学派将会形成，人民的保健事业将得到发展和进一步完善。保健组织学在我国是解放后新设置的学科，它所涉及的范围广、内容多，但本讲义因教学时数的限制，只能着重讨论几个问题，而不能像教科书那样写得详尽具体。同时，为了避免重复，本讲义对其他学科已提到的内容就不讲述了。

重庆医学院卫生系保健组织教研组傅莱编著

1961年9月

第二节　傅莱的讲话

第六届全国政协赴新疆参观视察情况报告会上的发言

解放以后在党的领导下，在本地区各部门的努力和全国支援下，新疆维吾尔自治区的卫生事业取得了巨大的成绩。1949年全区只有54个医疗单位、696张病床、534个卫生工作人员。现在全区基本建立了三级医疗保健网，天花被消灭，传染病的流行大为减少，兄弟民族卫生技术人员在成长。在取得如此成绩的过程中，人民解放军和生产建设兵团起了很大作用。

我对本地区卫生事业在新疆文化建设和经济建设中的作用及地位的看法：根据区党委常委所提出的新疆要在16年内达到国内中等偏上的水平，甚至在某些方面要处于领先地位这一目标，因此卫生工作面临艰巨而光荣的任务。在保护人的劳动能力，提高各民族人民的健康水平，促进民族团结，有效地进行“四化”建设，使外地职工和干部安心于新疆的建设等方面，好的卫生工作可起保障作用。以卫生工作为突破口，移风易俗，搞好本地区的两个文明建设是大有可为的。卫生工作是党的艰苦的群众工作。优质服务将是富裕起来的新疆各族人民的要求和需要。当然，只靠卫生部门一个部门是完不成这个任务的。

有必要提出如下比较重大的问题：

1.卫生队伍

由于各种原因，近几年以来，卫生人员虽然有所增长，但是，一批骨干调离（如喀什，1980年到1983年高级医务人员调走5名，主治医生调离150名）。整个看来，医务人员数量的提高和素质的提高不成正比。大专医务人员缺少，中技卫生技术人员数量虽然不低，但分布不均，有些边远地区几乎是空白，水平还比较低。卫生队伍增加了不少没有经过训练的人员。在校卫生技术人员中，兄弟民族人员比例与人口比例不成正比。在校中、高级学员数量尚不足以保证卫生事业发展的需要和自然减员。虽然中专教育有发展余地，但是若不颁发毕业文凭，就难以生效。故请考虑，能否放宽中专教育文凭的颁发范围（某些中专学校文凭的有效范围可限于一个县或一个地区内）。

某些边远地区卫生人员的实际生活待遇，不高于乌鲁木齐市（因为各种补贴和物价等实际的差距），促使那些地区的技术人员流入大城市。牧区卫生技术人员反映，20元的补贴（生活费）不如搞承包生产。

技术知识更新困难，赶不上需要。一方面购置技术书籍，订阅刊物难；另一方面又无常设进修机构。全区生物医学情报机构目前还是空白。

2.卫生事业经费不足，还不够维修旧房屋的费用，更无法兴建所需要的新机构

据了解，70%的房屋陈旧。其中少部分是20世纪30年代建造的，大部分是50年代到60年代建的。相当一部分医疗机构病房拥挤不堪，如男女不分，老少一起住，传染和非传染病无法分开。危险房屋多，如喀什就有5.5万平方米。

基本建设经费由1962年总支出的2.5%下降到1984年的0.36%。

我建议，在整改适当时机，考虑设立新的少而精的专业机构，以便对全区起示范和教育作用，并成为某个专业的研究中心。如在乌鲁木齐市有设立传染病医院的必要，地方病研究机构也需要扩充，妇幼保健机构和儿童医院迫切需要。根据对已婚维吾尔族妇女的调查，子宫颈癌的发病率为十万分之四百以上，而汉族妇女只有十万分之四十九。因此，也应考虑肿瘤研究所和肿瘤医院的建立。

3.应注意各种民族医药学的继承和发扬

以维吾尔族为主的民族医学除吸收了中医、蒙医、藏医以外，还吸收了阿拉伯医学，是很值得研究的。全区虽然有818名民族医务人员（维吾尔族686名，蒙古族110名，哈萨克族22名），但是年龄都偏高，经验丰富的医务人员均在80岁以上。因此，这个工作需要很好地规划。这里学习、搜集、整理、翻译、出版的工作要抓紧，否则民族医药学有失传的危险。

4.在不低估已取得的成绩的前提下，应清醒地看到新疆各族人民还没在根本上从传染病、寄生虫病和地方病的威胁中解放出来

兄弟民族的发病率高，死亡率也高于汉族。如婴儿死亡率全国平均为35‰，本地区婴儿死亡率为55‰，其中汉族30‰，低于全国婴儿死亡的百分比。兄弟民族除回族为40‰，其余都为100‰ ~ 200‰。虽然，新疆地区解放以后没有解放前的大规模的鼠疫、天花、伤寒等流行，但每年发生传染病、地方病和寄生虫病的人数相当高。对最烈性的传染病，如鼠疫和霍乱，只达到初步控制程度，谈不上彻底地控制。1964年、1973年、1977年、1981年都发生过局限性的副霍乱的流行。鼠疫1972年以后虽然没有发生，但在野生动物中，如旱獭、啮齿动物等有无鼠疫的自然疫源，尚待查清。布鲁氏杆菌病，全区患者约为10万人，肠道传染病（痢疾、伤寒、肝炎）每年患者有几十万。结核病有40万人（喀什发病率3.6%）。包虫病很多，并有发展趋势。地方性甲状腺肿约九十万人。在流行地区发病率为35%，一旦治疗可下降到8%～15%。克汀病患者全区儿童中有6000人。“文革”后，性病又散在出现（对此请卫生和公安部门合作，发现传染源）。氟病（包括氟骨病）在发生地区波及百分之四十的儿童。

若卫生措施跟不上，随着交通的发达，卫生管理不当的饮食行业的扩大，城市人口的增长，集市贸易等拥挤场合的增多，以及某些宗教活动，都可提供传染病流行的条件。一旦发生流行，受害者首先绝不是高级干部，而是各民族的劳动人民。若预防为主的方针，不能很好落实，不花必不可少的经费（此项经费可由自治区支援、公社自筹），某些疾病的蔓延，将会影响党的威信、民族团结、旅游事业和对外贸易。除了必要的应急措施要有所准备外，更重要的是要给人民安全的水（合卫生标准的），还有必不可少的下水和污物处理。逐步地实行各种卫生法规，并对厂矿和医疗单位进行卫生监督。尤其要注意新建厂矿的卫生监督，以保护环境。

防止以上疾病的知识，卫生部门是掌握的或能够掌握的，关键在党对卫生事业的领导。希望全党努力，保证人民健康。争取比2000年更早些达到人人能得到保健的局面。

5.关于对中草药资源的保护和对国内市场合理供应的意见

新疆的中草药，数量比较多，质量也比较好，需要保护和有计划地发展。新疆的中草药，本地区和全国都需要，希望能考虑到这个问题。不能将好的品种和一般的中草药过多地用于外贸，造成国内市场困难。

（本文引自六届全国政协《关于赴新疆参观视察情况的报告》附件二全文）

中国人民政治协商会议全国委员会委员证

/ 第三编 /

永远的怀念

第一章　傅莱事迹在中国广为流传

傅莱在中华民族危难的时刻不远万里来到中国，以不怕牺牲、无私奉献的国际共产主义精神，为中华民族的独立、解放和社会主义建设事业作出了卓越贡献。在白求恩学校的历史上，傅莱、白求恩、柯棣华三位中傅莱是在中国工作时间最长的一位国际友人，为了中国的民族解放事业，整整奉献了65个春秋。他的一生成就卓越，很多都是首创，他研制出了粗制盘尼西林（青霉素），改进了“人工气胸疗法”，参与了钩虫病的防治，完善了第一个临床化验室，推进了医学信息现代化，引入了文献分析与检索系统，这些都推动了我国医学和卫生事业的发展。作为一名医生，他一生救死扶伤，被他救治的病人不计其数，很多在他的妙手之下重回健康，使生命得以延续。

傅莱的一生紧密地与中国的革命事业、中国人民联系在了一起，在那段特殊的历史岁月他留下了自己的足迹，而他身上所体现出的各种高尚品质已经凝炼成为了激励世人的一种内在动力——傅莱精神。他也是中国共产党自成立以来，所有中共外籍党员中党龄最长的一位。从参加共产党的第一天开始直到去世，他没有离开过党。他在奥地利地下党冒着生命危险工作时没有胆怯过，在来到中国的初期四处寻找共产党组织时他没有放弃过，在抗日战争和解放战争的炮火中他没有退却过，在20世纪的五六十年代里，当他遭遇到党内左倾路线的迫害、三年自然灾害等接二连三的厄运时没有动摇过，他在长期被组织怀疑而得不到信任和重用的时期没有怨恨过。他的共产主义的基本信念就是这样的坚定，直到生命的最后一刻。

在北京的中国人民抗日战争纪念馆、晋察冀革命纪念馆、延安的革命纪念馆内都保存着傅莱的遗物和照片，他生前用过的咖啡壶、文件包，照相机、指南针、打字机、医疗器械和药品箱都陈列在展柜中并常年展出，一方面表达中国人民对他的感激与敬仰之情，另一方面也是为了教育后人，不要忘却在那段特殊岁月里为中国革命事业作出过特殊贡献的人们。

对于傅莱的光辉事迹，《青年时讯》《北京日报》《人民网》等多家媒体都进行了报道，对他的一生进行了回顾，将他燃烧了半个多

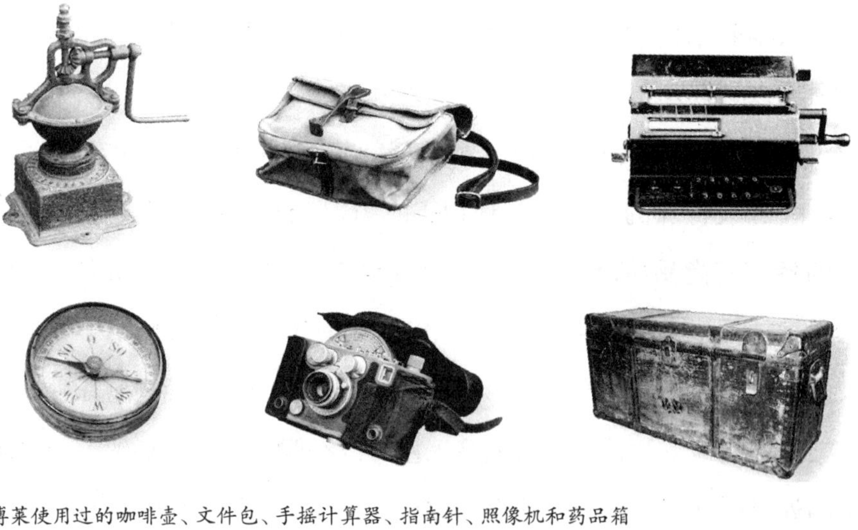

傅莱使用过的咖啡壶、文件包、手摇计算器、指南针、照像机和药品箱

多家媒体对傅莱事迹的报道

世纪的中国情进行了充分的展示。

白求恩学校毕业的老校友们齐聚一堂，召开傅莱的校友座谈会，缅怀傅莱的光辉事迹。与傅莱一起并肩战斗和工作过的领导、战友和朋友为了缅怀傅莱纷纷撰写题词，其中既有前外交部长黄华，前卫生部长钱信忠，还有白求恩医科大学北京校友会和傅莱的老战友胡宁。

钱信忠（中国前卫生部长）给傅莱的题词

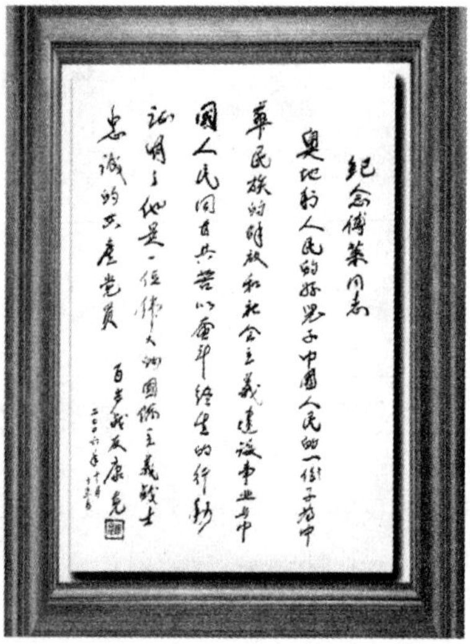

康克（白求恩的战友、原白求恩医科大学副校长）给傅莱的题词

第二章　在维也纳杜普林根中学的傅莱纪念碑

位于奥地利维也纳市19区的杜普林根中学是少年傅莱求学的地方。在这里傅莱接受了马克思主义的教育，学习了基本的医学知识和培训，也是在这里他参加了奥地利共产党的地下工作和各种青少年进步活动，这里可以说是傅莱梦想起飞的地方，是在他幼小心灵种下革命种子的沃土。

为了表达对傅莱的怀念之情，2006年2月21日，由中国政协全国委员会出资，在维也纳市傅莱曾就读的学校竖立了傅莱纪念碑，并隆重举行了傅莱纪念碑的揭幕仪式。碑文由奥地利总统菲舍尔博士撰写，全国政协制作。碑文译文如下：

理查德·傅莱医生

（原名：理查德·石泰因）

理查德·傅莱，由于受纳粹专制的迫害，被迫离开了他的家乡奥地利后，在他的第二故乡中国，通过积极参政，当选为中国人民政治协商委员会委员，赢得了很高的声望。我们将满怀崇敬的心情永远地缅怀他。

海因茨·菲舍尔博士

奥地利联邦共和国总统

伫立在维也纳杜普林根中学由奥地利总统撰文的傅莱纪念碑

中华人民共和国驻奥地利共和国特命全权大使出席纪念牌揭幕仪式并发表了讲话。讲话内容如下：

首先，作为中华人民共和国驻奥地利共和国特命全权大使应邀出席此次理查德·傅莱先生纪念碑揭幕仪式活动，我感到非常荣幸。我代表中国政府向理查德·傅莱先生，这位曾经为中国人民抗日战争、解放事业和新中国的建设作出巨大贡献的国际主义战士表示最崇高的敬意。我非常感谢菲舍尔总统的题词，感谢中国全国政协的捐款。

1920年2月11日，傅莱先生出生在维也纳，少年时代他在维也纳19区的杜普林根中学求学。然而，纳粹的暴政打破了他在家乡当一名医生的梦想，傅莱先生被迫离开家乡并辗转来到他的第二故乡——中国。在中国，傅莱先生积极投身于中国人民反抗日本法西斯侵略的正义战争。新中国成立后，傅莱先生选择了留在中国并加入中国国籍，同中国人民一道为新中国的建设继续贡献着力量。傅莱先生在中国享有很高的声望，并多次当选为全国政协委员。2004年11月16日，傅莱先生因病逝世，中国国家主席胡锦涛和奥地利联邦总统海因茨·菲舍尔专门为傅莱先生题写了悼词，对他的逝世表示沉痛悼念。今年是中奥建交35周年，奥地利政府特意将2006年定为“中国年”。我相信，在中奥双方共同努力之下，两国人民的传统友谊一定会进一步深化。镌刻在维也纳杜普林根中学的傅莱先生纪念碑就是两国人民友谊的象征，它一定会激励更多的人像傅莱先生那样，为发展中奥两国人民的友好事业努力奋斗。

最后，我再次代表中国政府对此次活动的主办方维也纳杜普林根中学和校长利泽罗特·雷瓦尔德女士表示由衷的谢意，并祝愿两国人民的友谊地久天长。

第三章　傅莱墓地在河北唐县落成

2007年7月23日10时30分，在中国河北省烈士陵园举行了傅莱同志墓地落成的揭幕仪式。按照傅莱“将自己骨灰撒在唐县大地”的生前夙愿，中国医学科学院与河北省唐县人民政府在此修建了傅莱同志的墓地，与白求恩、柯棣华同志的陵墓为伴。三位将自己毕生奉献给了中国人民的国际主义战士，在他们曾经生活、战斗过的地方相聚，长眠于此。

晋察冀烈士陵园位于唐县军城镇，这里曾是当年聂荣臻司令员开创的晋察冀抗日根据地的核心地带，陵园内安息着国际主义战士白求恩大夫、柯棣华大夫和三十多位抗战牺牲的团级以上干部。

傅莱生前提出将自己的遗体脏器捐献给国家医疗事业作研究之用，并将自己的骨灰撒在他曾经战斗过的革命圣地。这里安葬着白求恩和柯棣华等国际主义战士，傅莱的墓地与两位战友的墓地并列，同白求恩和柯棣华的墓地采用的是同一规模。墓地正门上书“傅莱之墓”，两侧的对联是“辗转万里投身中国革命事业，奉献一生弘扬国际主义精神”，大门内侧是傅莱的半身汉白玉雕像，后面墓地上方有一个巨型的石刻地球。

中国医学科学院、奥地利驻华大使馆、国家外国专家局、卫生部等单位以及傅莱的亲属和生前好友，教育部、全国政协办公厅、全

傅莱之墓

全国政协、卫生部、外国专家局、中国医学科学院、奥地利驻华大使馆及唐县政府的领导为傅莱纪念碑揭幕

国政协外事委员会、中国人民对外友好协会、中国人民抗日战争纪念馆、晋察冀边区革命纪念馆、白求恩军医学院北京校友会、中国白求恩精神研究会和当地民众以及中小学生参加了揭幕仪式。国防科工委主任丁衡高、聂力夫妇和著名歌唱家王昆敬献了花篮和花圈。中国医学科学院、北京协和医学院副院长宋学民主持典礼仪式，中国医学科学院、北京协和医学院院长刘德培、河北省唐县县长杨小宁、奥地利驻华使馆秘书那安德和傅莱的儿子李兵弟分别发表了讲话。

为了表达傅莱对中国人民、中国革命事业、中国医药事业作出的巨大贡献，中国文化研究会在2007年7月23日为傅莱树立了一块名为“中国人民的伟大朋友理查德·傅莱”的丰碑，以此来长久地怀念傅莱，这位与中国有着半个多世纪情缘的老朋友。

参加傅莱同志墓地落成典礼的领导栽种常青树

中国文化研究会为傅莱树立的丰碑，以示对傅莱的永久怀念

各方代表在傅莱墓地落成典礼上的讲话

在傅莱同志墓地落成典礼上的讲话（刘德培）

尊敬的各位领导、各位来宾，傅莱同志的亲属们、朋友们、同志们：

中国人民忠诚的朋友、奥地利人民优秀的儿子、中国共产党党员、中国医学科学院／北京协和医学院顾问、医学信息研究所／图书馆名誉所馆长理查德·傅莱同志离开我们两年多了。为了纪念这位坚强的共产主义战士，我们在傅莱同志曾经战斗过的革命根据地——河北省唐县为傅莱同志立碑塑像，以表达中国人民对傅莱同志的崇高敬意和深切怀念。首先，请允许我代表中国医学科学院，向前来参加傅莱同志墓地落成典礼的各位领导和各位来宾表示热烈的欢迎和衷心的感谢！向傅莱同志的亲属们表示最诚挚的慰问！

今天，我们在这里举行傅莱同志墓地落成典礼，以此来寄托我们共同的哀思与敬仰。傅莱同志墓地的建设工作得到了卫生部高强部长的高度重视和关注，同时得到了河北省唐县人民政府的大力支持，特别是在唐县民政局的积极参与下，使得墓地建设工作顺利完成。墓地的建成将进一步促进晋察冀烈士陵园爱国主义教育基地的建设，为红色教育增添新的内容，对于弘扬国际主义精神、加强爱国主义教育必将发挥更加积极的作用。

傅莱同志1920年出生于奥地利首都维也纳，1939年来到中国，1941年奔赴晋察冀边区参加中国革命。1944年经聂荣臻同志介绍，光荣加入了中国共产党，历任晋察冀军区医药指导委员，白求恩卫生学校、延安中国医科大学教员，华北军区卫生部、华北医大附属医院顾问，西南军政委员卫生部公共卫生处负责人，重庆市卫生局、重庆医学院顾问，中国医学科学院、中国协和医科大学顾问、医学信息研究所／图书馆副所馆长、名誉所馆长等职，是第六、七、八、九届全国政协委员。

傅莱同志热爱中国共产党，热爱社会主义。他不远万里来到中国，投身于中国的革命事业。在延安工作时期，他努力学习马列主义、毛泽东思想，积极参加政治活动，努力工作，发挥医学专长，为中国革命作出了贡献。新中国成立后，他选择了继续留在中国，积极参加中国社会主义建设，并于1952年毅然加入了中国国籍，表现了他热爱中国的赤诚之心。几十年来，他与中国人民同甘苦，共患难，从未动摇过革命的信念。他顾全大局，不计名利，多年坚持在中国西南地区工作。他工作踏实，刻苦钻研，精益求精，对临床检验、传染病、保健组织学都有所研究。1962年，傅莱同志调入医科院情报组（后更名为医科院信息所），把全部的热情投入到国家医学信息事业中去，特别是担任了领导工作以后，更加严格要求自己，密切联系群众，认真贯彻执行上级指示，注重培养年轻科研人才。1985年，傅莱同志退居二线，但仍然关心着所馆的建设与发展，利用自身的有利条件努力为国内外科研交流牵线搭桥，通过各种方式对外宣传中国建设成就，促进了国内外医学信息工作的发展，为国际间的合作作出了贡献。

傅莱同志在担任多届全国政协委员期间，积极参政议政，关注国家的改革开放和建设，为经济建设和医疗事业的发展进言献策。他坚持马列主义和唯物主义世界观，晚年提出将他的遗体脏器捐献给国家医疗事业作研究之用，并将其骨灰撒在他曾经战斗过的革命根据地，更加体现了他爱党、爱国和热爱医学科学事业的赤诚之心。

傅莱同志参加革命六十多年，把中国作为第二故乡，把中国人民的事业看做是自己的事业，始终保持着坚定的共产主义信念，以崇高的革命精神实践了他光辉的一生。他生前多次受到政府的奖励和表彰，曾荣获中华人民共和国三级独立自由勋章、三级解放勋章，卫生部科学贡献奖等，赢得了很高的声望。几十年来，他得到了党和国家历代领导人的关怀和多次接见。傅莱同志为中国的解放事业和建设事业献出了他毕生的精力，我们永远怀念他。

傅莱同志安息吧！

（作者介绍：刘德培，男，中国工程院院士、医学分子生物学家，现任中国工程院副院长、中国医学科学院院长、中国协和医科大学校长、中国协和医科大学研究生院院长。）

在傅莱同志墓地落成典礼上的讲话（杨小宁）

各位领导、各位来宾、尊敬的江国珍老师及傅莱同志的亲友们：

傅莱同志留下遗愿，去世后要把他归葬在唐县大地上。今天，傅莱同志的墓地在我县的晋察冀烈士陵园落成了，这是我们对他最好的纪念。首先，我代表唐县县委、县政府和全县54万人民，向傅莱同志表示衷心的哀悼和深切的怀念。

傅莱同志是奥地利人，他于1939年不远万里来到中国，在中国抗日战争最艰苦的年代，和中国人民一起投身抗战，曾经在晋察冀边区长期生活和战斗。在唐县期间，他工作勤恳，为人正直，深受老区人民的尊敬和爱戴，与唐县人民结下了深厚的友谊。抗战胜利以后，他又选择了留在中国，把中国作为自己的第二故乡，把中国人民的事业看做是自己的事业，几十年如一日，与中国人民同甘苦，共患难，无愧为坚强的共产主义战士，奥地利人民的优秀儿

傅莱获得的中华人民共和国三级解放勋章

傅莱获得的中华人民共和国三级独立自由勋章

子，中国共产党的好党员。

唐县是革命老区，是晋察冀军区所在地。晋察冀烈士陵园更是一处埋葬忠骨的圣地。这里群山环绕，松柏郁郁，恬静幽雅。伟大的国际主义战士白求恩和傅莱同志的战友柯棣华大夫以及30多位抗战牺牲的团级以上干部长眠在这里。这里也是全国百家爱国主义教育基地之一，是一所生动的革命传统教育的大课堂。每逢清明节，唐县老区人民和学生、外来友人都要在这里举行祭扫、怀念，对长眠于此的伟大国际主义战士和革命先烈寄托深深的哀思，从他们的光辉业绩和革命英雄事迹中接受深刻的国际主义、爱国主义和革命传统教育。1986年4月中共中央总书记胡耀邦、2001年5月国务院副总理温家宝，曾在这里种植纪念树。按照傅莱同志的遗愿，我们将他安放在这里，和昔日的战友安葬在一起。今天，傅莱同志的墓地正式落成了。我们想表达的，既是对傅莱同志的缅怀和纪念，也是要将他的崇高精神永远继承和发扬下去。同时，傅莱同志又在中奥两国之间架起了一座新的友谊的桥梁。他的墓地将迎候着奥地利等国的贵宾前来凭吊、瞻仰和参观。这将进一步促进两国人民的友好往来！

同志们，朋友们，让我们在这里寄托我们的哀思，共同告慰埋葬在这里的英灵。

傅莱同志千古！

（作者介绍：杨小宁，河北省唐县县长。）

沉痛悼念傅莱先生

我们从当年晋察冀边区的首府——阜平赶来这里，对傅莱先生表示沉痛的悼念。

傅莱先生，您是外国人，是奥地利人，但您那崇高的国际主义精神，永刻中国人民的心中。1939年19岁的您，怀着解放全人类的理想，冒着生命危险，漂洋过海，不远万里，到中国投奔共产党、八路军。3年后，来到晋察冀边区的白求恩医院和白求恩学校教学。在大台村，居住时间虽然很短，但您的光辉业绩，阜平人民、大台村的老百姓永远不会忘记。1943年10月的一天，北风呼啸，大雪封山，您在两位八路军战士的陪同下，绕开敌人的枪炮声，拄着拐杖，一步一巅地走进大山深处的岭根村，在战地医院您没有喝上两口热水就到各户查看伤员。在班长李来福那里，您拉着他的手，用流利的中国话说："咱们都有个福（傅）字，抗战胜利后，中国人民一定会迎来一个幸福的社会。"一句话，李来福拉着您，久久不放。在大台村，您与当地老中医结为挚友，虚心向他学习，用土方和验方抢救了很多的伤员和病人。您给老中医留下的医药挎包，现已陈列在晋察冀边区革命纪念馆。在老房东那里，您住过的那石头墙的房子和为您那高个子盘的土炕，是永远留给人们的怀念。您用烧焦了的鸡蛋皮，将房东从死神手里拉了回来，他说，您是他一辈子的恩人。这一桩桩、一件件事迹，在当地百姓中世代相传。

在白求恩学校的历史上，您、白求恩、柯棣华三位中，您是在中国工作时间最长的一位国际友人，您为了中国的民族解放事业，整整奉献了65个春秋，您是一位值得人们永远学习的共产主义战士。

悼念傅莱先生，我们就是要将他的伟大的国际主义精神发扬光大，学习他目标明确，意志坚定，工作上严要求，生活上低标准，救死扶伤，以不懈的努力，建设更加美好的明天，让傅莱先生永远含笑九泉。

晋察冀边区革命纪念馆

2007年7月23日

第四章　回忆傅莱的文章

白求恩医科大学副校长康克：关于傅莱

傅莱是又一位白求恩式的国际主义战士。他是1941年底、1942年初，在太平洋战争爆发、中国抗战进入最艰苦的时期来到白校的。

傅莱（ Richard Frey ）原名理查德·石泰因。1920年出生于奥地利维也纳，犹太血统。上中学时接受过系统的临床化验和急救等医护训练，同时秘密接受了马克思主义教育并加入了奥地利共产党。1938年3月，希特勒德国吞并了奥地利，傅莱不堪忍受法西斯对祖国的蹂躏，积极参加了反法西斯斗争。由于遭到纳粹专制的迫害，1938年底被迫离开他的家乡奥地利。1939年1月，年仅19岁的傅莱经意大利辗转来到中国，先在上海虹口一家慈善团体做医务工作。这期间，中国人民在日寇铁蹄下的痛苦生活给他留下极深刻的印象，旧中国反动政府的腐败无能令他彻底失望。他离沪北上到北平、天津等地的医院、X光诊所和生物化验室等处从事抗日救援的医务工作，同时寻机参加八路军。傅莱后来曾说过："我们在国内的时候，也知道中国正在进行一场声势非常大的革命，有一个叫'八路军'的组织。"1941年的冬天，在地下党组织安排下，他终于通过封锁线，到达向往已久的晋察冀抗日根据地。

聂荣臻司令员接见了他，并根据他名字的德文发音给他起了一个中国名字——傅莱，也是德语“自由”的谐音。后来在白校，同志们也称他为“福来”，即来到解放区就是幸福的意思。聂司令员根据傅莱有医学方面特长的情况，安排他到卫生学校当老师，对他说，那是白求恩来的时候建立的，叫“白求恩学校”，为八路军培养医务人员，印度援华医疗队的柯棣华同志也在那里工作。

傅莱是“白求恩学校”早期出色的“洋教员”。他到学校任教员后，便与同是“洋教员”的柯棣华和我们教务处的同志们开始并肩战斗。他克服了诸多困难，认真学习和实践白求恩精神，一边教书一边到前方救治伤员。当时学校条件很差，既缺少教学设备又缺少教材。记得他是做内科、传染病学类的教学工作，为了编出一套符合战争环境下需要的教材、讲稿，他吃了不少苦。刚来学校时傅莱汉语很差，讲课前，他便先用德文、英文写好讲稿，再在同事帮助下，借助字典译成汉语。因此傅莱讲课要比别人付出更多的时间和精力，每讲一次课，他备课就要花几个小时。聂司令员曾要给他配一个翻译，倔强的傅莱就是不答应。他常在讲稿的汉字旁边注上音，让同事们帮他练习发音。他讲课时常念错字，搞得学员们捧腹大笑，但学员们都很喜欢听这位“洋教员”的课，说他讲课形象生动、活泼有趣、通俗易懂。功夫不负有心人，一年后，傅莱就能讲一口流利的中国话了。

1942年10月，因粮食运送困难，“白求恩学校”不得不停课安排学员、教员去远道背粮，而洋教员们可以留校备课，但傅莱仍主动要求和学员、教员们一道背粮。他身高1米92，是个“大块头”，在背粮的队伍中很突出，背粮时跟大家一样，从不愿接受组织的特殊照顾。

傅莱也有“特殊”的事。一次在学校发军装的时候，因他的个子高大，发的军装没有适合他穿的。不仅衣服小，鞋子穿到他的脚上，脚后跟还露在外面一截。学校领导知道后，与军区供给部打了招呼，派人来专门给他量体裁衣。很快，两套合体的军装、军鞋发到了傅莱手里，他穿上后十分高兴。

在白校，傅莱多次申请入党。在聂荣臻司令员的介绍下，终于在1944年加入了中国共产党，实现了自己的愿望。

抗战胜利后，傅莱一面担任华北军区卫生部顾问，一面继续在学校从事教学科研工作。1945年，在张家口，他还一边教学一边搞研究。当时根据地没有青霉素这种药，但又急需。他根据美国援华委员会提供的青霉素菌种和书面资料，采用土办法，利用当地的地炕保持温度，利用一些瓶瓶罐罐研制了“土青霉素”（盘尼西林），缓解了我军战士外伤用药的困难局面。

1945年9月，学校撤离张家口时，傅莱也随学校师生们跋山涉水，长途行军回到了葛公，继续建校和教学工作。在艰苦的抗战时期和解放战争的岁月里，傅莱始终和中国人民、和白校师生战斗、生活、工作、教学在一起，大家已经把傅莱看做了一家人。后来在1948年初，学校进入石家庄郊区。驻在杜北时，正值我的大女儿出生不久，傅莱还给我们一家三口照了相片，为我们留下了珍贵的纪念。

1949年新中国成立，百废待兴，傅莱又做出了他人生中的一个重大选择：留在中国。他说："新中国刚刚成立，正需要人才，我要留在中国。"不久，他又于1952年申请加入了中国籍。他常自豪地说："我是中国人，我爱中国。"

傅莱是位信念坚定的中国共产党党员。不管遇到什么困难，他的马克思主义世界观和对共产主义的追求从未动摇。新中国成立后，他长年在西南地区工作，曾任重庆市卫生局和医学院顾问。他还曾担任中国医学科学院及中国协和医科大学顾问，还是第六、七、八、九届全国政协委员。他从没有怀疑过自己的选择，从没有动摇过自己的信仰。

傅莱说过，他在中国生活了几十年，有几件事情感受非常深。"首先就是中国经济上的巨大变化，从南到北，从东到西。世界上任何其他国家都不能像我们这样，在短短的几十年中，就让人民的生活水平得到这样明显的提高。第二是我们国家也出现了一些新的问题，有些问题甚至是我原来不敢相信会出现的，比如腐败。我同意马克思的观点，'存在决定意识'，现在一些人意志不够坚强，所以就堕落了。腐败是个很严重的问题，如果不抓，将来是要很危险的；但我相信咱们国家能够最终制止腐败，因为我们已经战胜过很多困难。"说到一些不怀好意的人肆意攻击中国，傅莱说："那是他们根本不了解中国，不了解中国的历史，也不了解中国的现在。中国的革命和建设，不佩服不行！"

我们与傅莱同志经历艰苦的战争年代结下的深厚感情，在以后的几十年里不断延续、增强。"文化大革命"后期，傅莱因公到长春，特意到家里来看望我们。虽然当时政治形势依然严峻，但他对老战友、老同事的关怀之情，他身上特有那种革命乐观主义精神和态度，深深地影响着身边的同志，令人十分感动。在以后的日子里，因工作或出席各种会议，我们仍有一些见面的机会。

2001年，我陪老伴到北京来和她的双胞胎妹妹过82岁生日。在京的众多白校老学生和傅莱同志听说后，一定要为老伴庆贺生日。大家高兴地欢聚在一起，共同回忆起了抗战时期的老白校，回忆起了老白校的那段艰难而光辉的办学历程。傅莱同志不顾自己已八十多岁的年龄，又有严重的糖尿病，挥洒出他的幽默风趣，在生日宴会上谈笑风生，频频举杯，和大家一起高唱革命歌曲，拍照留影……

2004年11月16日，傅莱因病在北京逝世。遵照他的遗愿，他的遗体被用于医学研究，部分骨灰撒到了河北唐县，与白求恩、柯棣华和他在抗战中牺牲的中国战友一起长眠在那里。他把自己永远留在了中国这块热土上。

他曾说，留在国外肯定会更富有，但那里无法找到艰苦岁月中建立的真诚友爱和为之奋斗的共同事业。傅莱自19岁离开家乡至2004年11月16日逝世，在中国工作战斗了65年。傅莱同志是奥地利人民的好儿子，中国人民的一分子。他把自己的命运同这个国家的命运连在一起，他为中华民族的抗战、解放及社会主义建设事业与中国人民同甘共苦，贡献了一生。傅莱同志荣获中华人民共和国三级独立自由勋章和三级解放勋章。无论是国家与个人顺利或困难，无论遭遇什么样的挫折，他都始终如一地热爱着这个国家和她的人民，直到他生命的最后一刻。傅莱以奋斗终生的行动证明了他是一位伟大的国际主义战士，忠诚的共产党员。他曾为培养“白求恩传人”作出了突出贡献。“白求恩学校”的师生们永远怀念他！

2007年7月23日，忠诚的国际主义战士傅莱同志的墓地落成在庄严肃穆的晋察冀烈士陵园里。傅莱和两位伟大的国际主义战士白求恩、柯棣华一起，长眠于这块他们曾经生活和战斗过的地方。

（康克《我这一百年》，第129 ~ 132页）

康克与夫人黄秀贞为傅莱去逝写的挽联

郑生寿、高向远：从多瑙河畔到延河之滨 —— 记傅莱

1939年1月15日，一个未满19岁的奥地利青年，乘坐着满载欧洲流亡者和犹太人的远洋客轮抵达东方第一大港——上海。当时，他身上只有5个马克，只好在欧洲流亡者的帮助下栖身于虹口公共租界一个慈善团体开办的接待站。

他，名叫傅莱，1920年诞生在多瑙河边的维也纳，其父是个敦厚的捷克血统的财税官，擅长做女服裙；其母是个出生于裁缝世家的贤良奥地利妇女，他是父母的独生子。傅莱的青少年时代，都是在美丽的维也纳度过的。他在中学读书时，就接受了一些马克思主义的影响，加入了奥地利共青团。1937年的一天，他又和几名青年秘密地在红旗下宣誓，决心为共产主义奋斗终生。

1938年3月，法西斯德国吞并奥地利，并下令逮捕奥共地下党员和爱国志士，青年傅莱不堪忍受法西斯铁蹄下的蹂躏，积极参加反法西斯的民族解放斗争，从而被列入盖世太保的黑名单。12月的一天傍晚，奥共地下组织通知傅莱紧急转移，并资助了部分出国路费。傅莱匆匆告别亲人，连夜登上开往意大利的火车，开始了新的人生旅途，毫不犹豫地选择了去中国之路。傅莱后来回忆说："在往中国来的轮船上，我就听人说起香港有条路通到中国的大后方，从那里可以到八路军的抗日根据地；还听说宋庆龄在香港。所以我曾趁在香港停留的机会，上岸找过宋庆龄，但人地生疏，一直找不到地方，而到上海后，又没找到中共上海地下党组织的关系。当时

我只知道北方有八路军，还不知道南方有新四军，所以一心只想到北方去，寻找八路军。”

傅莱在上海盘桓了4个月，经人介绍，于1939年3月北上天津，在一家奥地利人办的德美医院化验室工作，后来到了北平。1941年的一个秋日，同地下党联络员接上了头。傅莱又同地下交通员一起骑车辗转到西山的一间农舍里等候。在这里，肖克的部队把他们送到八路军平西司令部。

有志者事竟成。21岁的傅莱，历尽了艰难曲折，终于到达晋察冀抗日根据地，投奔了八路军，并受到聂荣臻司令员的接见，安排在白求恩卫生学校任教，同印度援华医疗队的柯棣华大夫在一起。由于工作刻苦努力，认真负责，受到了毛泽东、朱德、聂荣臻等党政军领导的赞扬。他向组织提出入党申请，并参加了共产主义通讯小组的活动。傅莱精通德语和英语，但不会说中国话，为了能用汉语授课，他先用德文写好讲稿，然后在其他教员的帮助下，借助于字典把德文讲稿译成汉语，并在汉语旁注上读音，自己再练习发音。为此，傅莱每讲一小时课，要花八九个小时备课。经过一年多时间的锻炼，傅莱的中国话已能在讲台上运用自如了。

1944年夏，一架美制P-51飞机在华北执行任务时被日军击落，飞行员受伤后，傅莱曾受命负责将这位飞行员护送到晋察冀司令部进行治疗，一位领导送他一匹漂亮的蒙古马。1944年秋，傅莱受组织委托到延安向朱德总司令等汇报了前方的医疗卫生情况，不久，毛泽东主席曾偕同夫人和孩子前来看望。他被派往延安中国医科大学从事传染病内科的教学工作。这是一所具有光荣历史传统的学校，其前身是中国工农红军学校，抗战时期，改名为八路军卫生学校和中国医科大学。校址先后从江西瑞金搬到陕北富县，1940年3月迁至延安东川柳树店。1941年7月毛泽东主席为该校题写了校训：“救死扶伤，实行革命的人道主义”。傅莱一踏进校门，就受到强烈的熏陶和感染，下决心把教学工作搞得更好。他除了从事传染病教学外，还从事内科和实验室的研究工作。“傅莱是边区第一个生产外用青霉素的医生”。这种自己生产的外用青霉素，在当时的临床应用上，在特殊创伤的治疗方面有比较好的效果。

聂荣臻征求晋察冀同志们的意见，由彭真、王鹤寿分别找傅莱谈话，最后由聂荣臻介绍，傅莱加入了中国共产党，时年24岁。有人问傅莱：“你是奥地利人，当时怎么想到要加入中国共产党的？”“为什么想不到呢？”傅莱答道，“列宁说过，无产者凭着《国际歌》的歌声，可以在世界任何一个国家和地方找到自己的同志和战友。我在八路军根据地找到一个同奥地利共产党一样为着民族的解放和共产主义事业而奋斗的党。共产主义事业是没有国界的。由于我在奥地利有反法西斯的革命经历，所以我在八路军的队伍中要求加入中国共产党是顺理成章的事情，是我深思熟虑的必然结果。”

傅莱的教学工作是很紧张的，还经常骑马去延安城开会。先后给刘少奇、贺龙、王稼祥、徐向前、王震、胡耀邦等看过病，他不仅具有丰富的教学经验，而且有高明的医疗技术，还有革命人道主义的医德，受到军民和领导的普遍好评。

1945年秋抗战胜利后，傅莱即调至晋察冀工作，担任华北卫生部顾问，从此，离开了战斗一年的革命圣地延安，这是他个人战斗历程中最难忘的一页。

解放战争激烈进行着，傅莱带着听诊器和X光机，参加了著名的太原战役和天津战役，在硝烟弥漫的战场上抢救伤病员。后来又从华北到大西南，在四川担任西南军政委员卫生部公共卫生负责人。军政委员会撤销后，傅莱担任重庆市卫生局顾问，并在重庆医学院从事教学工作。此时的傅莱刚刚进入而立之年，已经将10年的青春和热血，抛洒在中国的土地上，奉献给中国人民的解放事业。

中华人民共和国成立以后，傅莱申请加入了中国国籍。从此，他享有一个中国公民的权利和义务，把自己的命运与中国人民的命运完全融为一体。50年代，他在重庆医学院卫生系教授保健组织学。1962年，经周恩来总理批准，傅莱偕全家前往奥地利探亲。归来后，调到北京中国医学科学院情报研究室工作。粉碎“四人帮”后，随着我国实行对外开放政策，有些年轻人不理解傅莱为什么留恋中国的清苦生活，而不回到欧洲发达国家去。傅莱坦诚地说：“说实在的，我从没想到过要离开中国，中国是我的第二故乡，我的事业在中国。比起西方某些发达国家，中国的物质生活水平不算高，我确实也吃过一些苦，但作为一个共产党员，我吃的苦远远没有中国普通战士和老百姓多。即使在抗日战争最艰苦的年代，白求恩卫生学校的学员们有时吃黑豆，我和柯棣华大夫等却能吃小米，到延安后还有大米、白面吃；一般教员要两人合点一盏油灯，而且只许点一根捻，由于我有近视眼，聂荣臻司令员批准我单独用一盏油灯，点两根捻。我的物质待遇任何时候都比中国普通老百姓富裕，这是党和政府对我的特殊关怀。因此，我不觉得在中国有多苦。我留恋中国，热爱中国，因为我是马克思主义的信徒，而马克思主义中就没有贪图享受这一条，我也没有学过那一套。”通过以上的自我表白，说明傅莱的处世哲学就是无私奉献，而且是为中国的革命和建设奋斗终生，这是多么纯洁而高尚的共产主义精神。

傅莱现在虽然是年已古稀，但依然精力充沛地为工作操劳着。1983年6月，他光荣地担任了全国政协委员。他作为中国医学科学院顾问和医学情报研究所副所长，坚决表示在有生之年努力实现全国医学情报和图书馆事业的现代化服务。他的奋斗目标是：争取在1990年把以电子计算机和数据库为核心的全国生物医学情报中心和网络建立并完善起来。

（郑生寿主编《国际友人在延安》，第135页）

林超然：回忆傅莱大夫在白求恩国际和平医院

北京解放前夕，忠诚的国际友人傅莱大夫，曾在我军第一个正规化的白求恩国际和平医院担任过一段时间的传染科主任，当时我是和平医院一个年轻的外科医生，经常和他在一起从事医疗工作。他医学知识面广，谦虚谨慎，中国话说得非常好，很多医生都喜欢请教他。他有个美满家庭，妻子是中国人，有一个男孩。医院为了照顾国际友人，分配给他一名通讯员，他请求组织取消这个特殊照顾。他生活朴素，能和群众打成一片，大家都称赞他是老八路作风。

传染科大部分是结核病人，当时没有什么特效药物，只靠对症治疗，安静休养，调节营养，增强自身免疫力，死亡率很高。傅莱大夫就任以后，工作兢兢业业，日以继夜陪伴病人，与病人交谈，提高病人的抗病信心，调动了病人内因向肺结核斗争。他鼓励病人说："结核病是可以好的，白求恩不是也患过肺结核，不是也好了吗？"

傅莱大夫亲自下伙房，为病人调配可口、富有营养的食谱，千方百计地为病人增加营养。病人情绪乐观，都说洋大夫给我们带来了希望，个个安心休养，服从治疗，治愈出院的多了。

有一次，一个结核病人下颚脱臼，请求外科会诊，我去给病人整复。第二天病人一下又脱了臼，我以为是习惯性脱臼，用绷带做了整复，当时，傅莱大夫对我说，咬肌是人体最有力的肌肉，它的松弛说明病人已极度衰竭，已不久于人世，第二天病人死亡了，这个教导使我终生难忘。

北京和平解放之后，傅莱大夫从医院调到北京，有更重要的工作在等待他。

2004年11月16日他在北京逝世，今年是他逝世三周年，我用这篇短文表示我的哀思，他的一生永远是我学习的榜样。

任鸣：纪念国际主义战士傅莱大夫

傅莱大夫，原名理查德·石泰因（Richard Stein），1920年2月11日生于奥地利首都维也纳。他在学生时代就参加奥共组织的一些活动，接受了初步的马克思主义教育。他热爱科学，参加了医学训练班，学会了使用X光、临床化验和防疫急救等方法。1937年，他加入了奥共领导下的共产主义青年团。1938年3月13日，法西斯德国吞并奥地利后，他因反对希特勒被特务机关列入黑名单，随时可能被捕。同年12月，奥共地下党通知他迅速转移。1939年1月，年仅19岁的傅莱匆匆告别亲人乘上远洋客轮来上海，投奔中国共产党领导的八路军。他知道中国正在抗击日本法西斯侵略，而且有一支中共领导的八路军在浴血奋战。他在船上就打听怎样找八路军，了解到在香港的宋庆龄可以帮助他。在船停靠香港的半天，他上岸去找，因人地生疏未能找到。1月15日客轮到达上海，在欧洲流亡者的帮助下，他住在一个慈善团体开办的接待站，临时在一所传染病医院工作，并继续打听八路军。以后又到天津、北平的医院工作。经北平中共地下组织的介绍，21岁的傅莱终于到达了晋察冀军区。

聂荣臻司令员接见了他，请他到河北省唐县葛公村的白求恩卫生学校任传染病学教员，与柯棣华大夫在一起任课，校长是江一真。那时柯棣华大夫除在学校教课外，还在该校附属医院白求恩国际和平医院任院长。傅莱大夫与柯棣华大夫仅相处一年多，柯棣华大夫就去世了。在柯棣华大夫病危时，江一真院长拉着傅莱赶去急救，可惜无法挽回。傅莱大夫很推崇柯棣华大夫，两人在一起经常交流意见和经验。1982年在我参与主编的《纪念柯棣华》（人民出版社出版）一书中，曾请傅莱大夫写了一篇纪念文章。他盛赞柯棣华大夫中文学得好，在生活上很艰苦，随着老乡习俗和群众打成一片，工作十分出色，也善于宣传和鼓动。傅莱大夫写道："一次，我们到离敌人封锁线不远的一个村子去背粮。很长一段路走下来脚步渐渐就慢了，感到累了，他突然提议要和我竞走，我个儿比他高当然不怕，我们就加快步伐，他还不时地做一两个印度妇女头顶东西、双臂平衡的姿势逗乐，后面的同志也追了上来，不知不觉又走了十几里路，待到达驻地，只见他脸色发白，汗水淋淋，我方觉悟过来，这是他鼓动大家振作精神的办法。"

傅莱大夫工作也十分艰苦。他讲一堂课要花不少时间准备，他先用德语写好讲稿，借助字典在中国同志帮助下译成汉语，注上发音。他像柯棣华大夫一样刻苦学习，逐渐提高了中文水平。除教学任务外，还要为伤病员做救治工作。边区条件很差，没有什么检查设备。当时有一位同志被怀疑是患了伤寒病，由于他采取严格的预防措施才没有发生感染。傅莱大夫工作繁重，生活艰苦，他克服一切困难跟同志们一样过着苦中有乐的生活。

他在边区自然科学研究会成立大会上作了题为《疥疮、结核、疟疾诊断与治疗》的报告，随后又参加了军区卫生会议，在军区医药指导委员会成立大会时被选为委员。从此，他在白求恩卫生学校成为传染病教学的带头人，哪里有传染病，哪里就有他的身影。

1943年学校精兵简政，一半人员搬到阜平大台村，傅莱大夫正好碰上最艰苦的那次反扫荡。日寇进犯时一路烧光、杀光、抢光，但老百姓和八路军配合得很好，所受损失虽然很大，我们还是取得了胜利，日寇退走了。傅莱大夫经受了这次非常严峻的考验。

聂荣臻司令员一向关心知识分子入党，柯棣华大夫就是在他关心下入党的，后来傅莱大夫于1944年10月也入党了。这位外国大夫，全心全意投入了抗日斗争，为中国人民作出了力所能及的贡献。

傅莱大夫是在白求恩卫校逗留时间最长的三位大夫之一。1944年傅莱大夫到延安，翌年初得到美国提供陕甘宁边区的青霉素菌种和部分资料。在军区卫生部支持下，于张家口建立一个实验室，开始研究试制青霉素，而且取得了成果。1945年5月31日，《解放日报》发表了《留延国际友人傅莱医生试制成功粗制青霉菌素》的消息："本月20日（星期日）上午9时在边区参议会大礼堂举行首次医药学术报告，特请该会顾问、国际友人傅莱医生，报告怎样运用边区现有条件制造青霉菌素，并展览所需器材，具体说明制造过程。青霉菌素，是世界灵药之一，有杀灭病菌的特效，是美国医药界发明的，经过傅莱医生苦心研究，竟在条件落后的边区制造成功。对保障人民与干部的健康，增强抗战力量，将有莫大功绩。"我想起我在采访马海德大夫时，他曾说过这样的一句话："如果白求恩大夫招致命感染的手指能得到一点青霉素，就可得救了。"

傅莱大夫热爱中国，1952年申请加入中国国籍。以后在医科院情报所工作，是第六、七、八、九届全国政协委员。晚年，傅莱大夫提出他的遗体捐给国家医疗事业作研究之用。骨灰则撒在他曾经战斗过的革命根据地河北省唐县。

傅莱大夫2004年11月16日在北京病逝，享年84岁。他为中国的解放和建设事业献出了毕生的精力。

他生前多次受到政府的奖励和表彰，曾荣获中华人民共和国独立自由勋章、解放勋章，卫生部科学贡献奖。2005年纪念中国人民抗日战争暨世界反法西斯战争胜利60周年纪念活动时，由他儿子代表父亲接受了纪念抗战胜利的金质奖章。

傅莱大夫的墓地，在他战斗过的唐县军城镇的晋察冀烈士陵园，与白求恩、柯棣华大夫的墓地在一起。墓地正门上书“傅莱之墓”，墓门两侧对联是“辗转万里投身中国革命事业，奉献一生弘扬国际主义精神”。大门内墓地中部是傅莱大夫的半身汉白玉雕像，后面墓地六角形石座上有一个很大的刻有世界地图的白石地球。

傅莱大夫的墓地落成，又架起了一座新的友谊桥梁，促进中国和奥地利两国人民进一步友好往来。

陈识路：回忆傅莱往事

早就想写傅莱，尤其是在听到杨小宁县长告诉我傅莱同志病逝的消息之后；

早就想写傅莱，尤其是在2007年7月1日我陪大庆作家赵德水前往晋察冀烈士陵园参观，看到刚刚建好尚未揭幕的傅莱墓之后；

早就想写傅莱，尤其是在我受沙飞女儿王雁委托之后；

傅莱值得写，也确实应该写。

（一）

傅莱同志是奥地利医生，国际主义战士，中共党员，服务中国65年。他是从老区葛公走出去的外籍中国人，逝后又回到老区。

我想起和傅莱第一次见面的情景。1982年12月11日，全印柯棣华纪念委员会主席巴苏访问葛公，傅莱、郭庆兰作陪。作为县政府外事办主任，我当时具体负责前期准备和操持接待工作，外宾抵达后，和领导一起陪同参观访问。那年月闭关锁国，很少允许外国人进来，少数能进来的也是防范很严。所以，每次有外事任务都是十分重视，认真起草接待方案，报批后严格执行。为保证万无一失，每次都有公安人员在场监护。葛公村的乡亲们对巴苏、傅莱、郭庆兰太熟悉了，他们都是柯棣华的亲密战友，都在这里工作、战斗过。听说他们要来，大家都高兴地自动聚集在村头欢迎，当巴苏等人出现在村头，迎接的人群开始鼓掌。巴苏一行人也边招手边鼓掌，气氛十分融洽。大个子傅莱在代表团中分外显眼。这是一个较大的访问团，有全印柯委会代表8人，柯棣华亲属5人，柯棣华夫人郭庆兰，柯生前好友傅莱及印度驻华大使馆记者1名，共16人。我方中央、省、地、县各级陪同共十几人。在欢迎的人群中，我听到指点、议论："前边那个黑点的是巴苏，那个妇女叫郭庆兰，柯院长家里的。哎，她怎么没带白生（印华）来?（那是善良的乡亲们还不知道柯印华已在一次医疗事故中丧生）。那个白大个儿叫傅莱，吃得可多了，脚比别人长这么一大截子。"

正在有序地欢迎中，突然冲出一个人来，与傅莱紧紧搂抱在一起。这可吓坏了公安人员，以为是什么刺客呢，我的心也吊了起来。如果外宾出了安全问题，这可是大事故。外事无小事嘛。这时，只见傅莱拉着那个人的手，用中文解释道："大家不用紧张，他姓魏，是我当年在葛公村时的警卫员。刚刚从狼牙山赶到就是想来看看我。"说罢，与来人又一次紧紧拥抱。大家为之感动。这意外的一幕是一场虚惊，让所有在场的工作人员都出了一身冷汗，事后才知道，这个警卫员叫魏金奎，是从易县匆匆赶路100多里来和老首长相见的。

在葛公村的访问很顺利，巴苏称访问葛公对自己而言是旧地重游，对代表团成员讲是"朝圣"。在葛公村座谈会上，巴苏发表了热情洋溢的讲话，说他脑子里充满了以前的事情。郭庆兰深情地说她又回到老家了。傅莱也有感而发，激动地用十分流利的中文真情万分地说："来到这里，和大家一样，有一种眼不掉泪心掉泪的情感。葛公是我工作过三年多的地方，今天大家纪念柯棣华，欢迎巴苏，我很高兴。当然，我是随团来的，我想来看看我的老家，看看我学中文的地方，看看我工作的地方。我非常高兴，就像刚才在介绍当中所讲的，三中全会以后葛公村经历了相当大的变化。但是再一问，生活怎么样？老乡说还可以的。这就不够了，我相信，在党的领导之下，在明白人的领导之下，等我下次再来的时候，希望他们不说可以，而是说我们富裕起来了。这才算我们大家的共同努力没有白费，因为社会主义毕竟还是要富裕才行，穷日子现在说它没多大意思。不过对年轻人我觉得还是需要讲一讲。那个时候，吃得是有些苦，当时大家年轻啊，吃个糠啊，吃个杂合面啊，吃个树皮面的饺子，还是很香的。咱们现在恐怕没人吃了，这是个好事，说明大家生活提高了，不过现在才开始。我预祝我们葛公村在今后能够非常快地振奋精神，紧跟中央正确部署，尽快富裕起来，我就这么一点希望。”

座谈之后是参观。先到王阳雪家巴苏、柯棣华的住处，受到王阳雪的女儿齐镯子的热情欢迎。傅莱还陪巴苏和柯棣华的亲属推起了当年柯棣华推过的石磨。进入房中，巴苏用中文说：“这叫炕，当年我和柯棣华就一起睡在这间房子里的这条炕上。”巴苏的中文虽然已经不大熟练，但我们都能够听懂，很让大家感动。巴苏又说：“在这里，我们受到房东妈妈的很好照顾。房东妈妈在哪里？”当老房东的女儿齐镯子告诉他们母亲王阳雪已经去世的消息，巴苏和傅莱立刻安静下来，摊开手，深表怀念。当参观柯棣华逝世地的时候，老房东赵秋珍介绍了柯逝世经过，全场沉痛。柯亲属不住拭泪，其侄女竟失声痛哭起来，大家都沉浸在悲痛之中。柯的亲属们抚摸室内柯棣华用过的桌、椅久久不放，坐在柯住过的炕上不愿起来。郭庆兰、巴苏、傅莱更是睹物思人，不肯离去。后来，大家来到一间小东屋前，郭庆兰说：“这里是我和柯棣华结婚的新房。殷希彭主任为增加艰苦环境中的一点喜气，还用大红纸写下‘洞房花烛’四个字。”赵秋珍大娘搭话说：“康克教员还做了他的拿手好菜‘拔丝山药’哩。”人们恢复了情绪，笑了起来。此时傅莱走上前，站在门前一块厚石板边说：“那年柯院长发病，我和江校长是主治大夫，我们用尽办法也未能挽救他的生命。”说话间大家又黯然神伤。郭庆兰也开始用手擦着眼角，回忆触动了她脑海中那根最敏感的神经。巴苏为转移大家的视线，连忙回忆道：“我那时在延安参加了柯棣华的追悼会，毛主席还写了挽词。听说这里的追悼会也很隆重？”傅莱点点头，说：“是的。追悼会在村南打谷场举行，郭教员还上了主席台。走，咱们到大戏台看看。”在村干部带领下，一行人向村东走去。途中，巴苏告诉了我一个鲜为人知的情况：“延安柯棣华追悼大会结束后，我就把毛主席写的挽词保存起来，1943年回国时，我带回印度，交给了柯棣华的母亲。”我问：“您为什么这么做？”巴苏说：“印度援华医疗队一共5位医生，先后回去了4个，我是最后一个回去的。但还有一个没回来，他永远留在了中国，这就是柯棣华。我带回毛主席挽联是为了给他的家人一个交代。”到了大戏台，郭庆兰告诉人们：“这里是当年老白校师生集合、开会、听报告的地方。”傅莱又还原了他幽默的表情，补充道：“还是一个娱乐的地方，康教员唱《打渔杀家》演肖桂英就在这儿。”巴苏和郭庆兰微笑着点头。参观时，媒体记者用照相机和文字记录下这一切。参观结束时，巴苏表示：“此次来华访问，印象最深的是河北；河北访问，印象最深的是唐县；在唐县，印象最深的是葛公。这里对全家和我都是一种特殊的优待，我们深受感动。”而傅莱则写道：“不能忘掉老区人民，咱们不能办忘本的事。”其心系老区之情，跃然而出。

参观结束了，巴苏率领的全印柯棣华纪念委员会代表团称这次访问是“朝圣”，留给我很深印象，而印象最深刻的就是傅莱。当他拿到当天活动的照片，也不忘赞扬说："从洗放照片这件事上，可以反映唐县的工作效率。"记得傅莱后来又陪郭庆兰来过一次，是柯棣华亲属代表团来，我仍然陪同他们访问了许多地方，大家再一次沉浸在欢乐和友谊中。

从那两次外事接待后，我和傅莱结识并成为朋友。

（二）

1987年11月，石家庄解放50周年，也是和平医院建院50周年。我被邀请参加庆祝活动，又一次见到傅莱。中国有个传统，逢五排十，要大庆，不光公家，个人做寿也是如此。所以，那次和平医院邀请了很多嘉宾，大大庆祝了一番。记得有全国政协副主席杨成武、国防部长秦基伟、加拿大驻华大使狄先生以及健在的历届和平医院院长和河北省委暨政府的领导。江一真、康克、郭庆兰、邢竹林、程间、欧阳竞、张业胜等许多老战友相聚在一起，亲切无比，热闹空前。傅莱作为老白校教员当然不能缺席。我们又见面了，握手言欢。康克作为老大哥，当年的教务长，依然是活跃的组织者。在参观白、柯馆院史馆时，我则是义务摄影员。中午、晚上都是同桌而餐，侃侃而谈。由于康老的介绍，我又认识了不少白校的老前辈。康老还把大家组织在白求恩纪念馆的群雕前，让我给拍照。大家一起参观了纪念馆，还去华北烈士陵园祭扫了白求恩墓，最后在高干楼前合影留念。我和张业胜一起在第三排，大家表情愉快，精神振奋。照片足有2尺长，至今我还珍藏。

（三）

1991年在北京召开全国第一届白求恩精神研讨会，我参加并宣读论文《让白求恩精神重回神州大地》，受到热烈好评。傅莱和康克都到会，他们是抗日战争的亲历者，又和柯棣华一起工作过，很受大家尊崇。我和他们熟识是在白求恩纪念馆，于是，我们一起吃饭、开会、讨论并合影，热热闹闹，开心得很。

1995年5月在北京筹办白求恩来华57周年暨白求恩诞辰100周年全国书画展，我作为策展人之一曾在北京工作了二十多天，展览期间又作为值班人员，分别接待了肖克、舒同、杨成武、孙毅、傅莱、康克、张如光、刘月生等老一辈革命家，并为之摄影留念。

1995年7月19日，河北电视台《国防一刻钟》栏目在拍完白求恩专题片引起全国观众轰动后，又拍柯棣华专题片《第二个白求恩》，栏目负责人梦欣仍请我撰写脚本并参加全程拍摄。当我们摄制组从北京站接出由大连来的郭庆兰，去国际饭店采访傅莱时，中央电视台记者陈建中请求同行。到北京国际饭店傅莱的临时住所后，我作为特邀主持人采访他。为了客气，我在开场白中用了“先生”一词。身穿银白色中山装的傅莱，笑容可掬地摆摆手，用中文纠正说：“请不要称呼我先生，叫傅莱同志”。

采访便在傅莱同志的称呼下进行。他谈了“马庄背粮”、“学中文要娶中国老婆”、“柯棣华之死”等许多鲜为人知的情节，使在场人十分感动。傅莱说：“1941年冬季，我到葛公后便接触柯棣华，我们成了朋友，无话不谈。大家对柯反映很好，说他工作认真、生活简朴、待人谦虚。作为朋友，他很诚实。柯对他的婚姻很满意，我请教如何快些学好中文，他开玩笑道：最好的办法去娶一个中国老婆，这个办法果然灵，我照他的榜样做了，中文果然进步很快。抗日时期，主要吃小米，老百姓生活很苦。有一次，冀中送来一批粮食，要到60里外的马庄去背粮。那天柯棣华病了，江一真校长没有安排他去。也不发给他口袋。但柯棣华还是去了，聪明的他脱下军装裤子，把裤脚一系，背上就走。半路大家累了，他就唱歌为大家解乏，还当众提出和我这一米九的大个子比赛谁走得快。我知道他是在调节现场情绪，他就是这样快乐的人。就是这么好的一个人，1942年夏发病后，因为没药，终于在12月9日离开了我们。当时江校长和我是主治医生，眼睁睁看着自己的亲密战友柯棣华死在我的怀抱中。我们大家都十分悲痛。柯棣华是个名副其实的国际主义战士。他给在中国认识他的人都留下一个美好的印象。柯棣华为中印友好事业贡献了毕生精力，包括生命。”

1996年7月在北京成立中国白求恩精神研究会，我是7家发起单位代表之一，被选为唯一的一个县级理事。傅莱作为白研会顾问参加，我们有一次见面合影。后来，我被狗咬，养伤阶段不大与人接触，也很少去京，同傅莱同志的联系就少了。

（四）

2007年7月1日，我和老县长王德山同志陪同唐县籍大庆作家赵德水到军城晋察冀烈士陵园参观，看到坐落在白求恩墓的北面崭新的傅莱墓刚刚竣工。我们幸运地成为了首批拜谒者，望着墓前雕塑的傅莱胸像，我说：这就是缘分。

2007年7月23日，我受沙飞的女儿王雁之托，拍摄傅莱墓落成仪式。我当然乐于从命，因为半年前她刚刚非常热情地接待过我。不过，即使没有这项任务，我也会参加。只为了那份国际缘分，况且还认识了傅莱的儿子——小理查德·傅莱并交了朋友。我把自己写有“大医永恒”的书法条幅交给小理查德，还写了这样一首诗：

为民尽瘁八四龄，

太行常留大德风。

谁御医魂同不朽，

墓前泣指常青松。

以此来表达我的哀悼之情，小理查德深表感谢。

在我有生之年认识的外国人中，没有一个像和傅莱一样，说过这么多话，照过这么多合影，保持了这么久的友谊。这“忘年交”，一交即是二十多年。他那乐观、豁达，一身中山装，不喜“先生”愿称“同志”的豪爽的高大形象；他那居功不傲，热爱中国，毕生奋斗的伟大精神，在我这里会始终闪烁光芒。无论事隔多少年，也会带着鲜亮、清新、亲切来到眼前、耳中、心上！

2004年是个暖冬，都11月中旬了感觉还不冷。我的家在县城东南隅，是一座幽静的平房小院。小院中，栽种菊花已多年了。每年秋天，满院的白菊、金菊争相怒放。一朵朵，一丛丛，白黄相间，交相辉映，为小院装点起肃穆的圣洁和惹眼的灿烂。每年，我都会看到菊花傲霜凌寒开的美丽情景。要是往年已进入11月，寒气逼人，花蕾便在渴望中被严寒肃杀，一家人都为之惋惜。就在枯萎前，剪下几枝，插在放了水的瓶子中等它开放。而今年，都到11月中旬了，这种情况还没有出现。生活的经验告诉我：当一件事儿呈完美的出现时，不幸即将发生。果然有噩耗传来，11月16日晚9时，杨小宁县长在电话中用低沉的语调告诉我：傅莱同志昨日病逝了。我为之震惊，当时便潸然泪下。傅莱，莫非菊花有灵，是在为你盛开？既然这样，我愿摘下所有的白菊，挑一朵戴在胸前为你哀悼。其余的，让那雪白雪白的花瓣，铺满通往天堂的路。你以84岁之龄，坦然见你的异国亲密战友柯棣华、巴苏、江一真，去吧，他们正在天堂路口等你团聚呢。

来自世界音乐之乡的一代名医，中国人民永远的朋友傅莱同志，一路走好！

写下以上文字，聊以纪念傅莱同志逝世3周年。

2007年10月8日写于蕉叶临窗轩

原白求恩医科大学教研室主任霍俟：怀念傅莱

傅莱同志是奥地利人，参加了中国抗日战争，在白求恩医大做教学工作。在解放战争中又参加了太原战役。傅莱同志于2004年11月病逝于北京，我为失去了这样一位对中国革命有贡献的国际友人、一位好同志、好朋友感到非常悲痛。在纪念抗日战争胜利60周年之际，回忆起几件往事，以志怀念。

一、“我是中国人，我是老八路!”

在70年代，一次傅莱从北京乘坐飞机去欧洲作医学考察，他的长相是个地地道道的西方人，可他却穿着中山装，又说得一口流利的汉语。从北京到欧洲的飞行时间需十几个小时，很自然地与他相邻座位上的一位老同志聊起来。当这位老同志问傅莱是哪国人时，傅莱回答说：“我是中国人，我是老八路!”正巧这位老同志也是在晋察冀工作过的，一路上俩人谈得很愉快。这位老同志是我的老伴黄风的二弟伯纳。伯纳对傅莱的印象非常好，认为他的思想觉悟很高，对中国的美好未来充满希望和信心。

二、在白求恩医大医疗队

太原是座古城，是山西省的省会，在反动军阀阎锡山38年的统治下，现代化筑城设防闻名全国，连美国的记者都惊叹称太原是个“要塞化城市”。当时太原的守敌是十多万人，城内还有一个很现代化的兵工厂，攻打太原确实不是轻而易举的。1947年秋，太原战役开始，为了加强太原前线的领导力量，成立了“太原前线司令部”，由徐向前任司令员兼政委。

太原战役中的战场救护工作非常繁重，当时伤员约四万人（其中包括俘获的敌军伤员约一万人）。白求恩医大医疗队奉命组成，于1947年9月开赴太原前线。傅莱是医疗队的成员，负责X光透视工作。白求恩医大医疗队驻地是山西省榆次，我当时也从医大调到榆次，在“太原市军事管制委员会”工作，我与傅莱及医大医疗队的同志每天都可以见面，但因是前线，工作都很紧张，几乎没什么个人间的来往。有时医疗队工作中的后勤保障工作不能满足手术材料、器械和药品的急需，我就自己赶一辆牛车去山沟药库帮他们领手术器械和材料。我每次到医疗队时只能和傅莱打个招呼，从没坐下来闲谈，傅莱一个人做X光透视工作，非常辛苦，但他工作认真，任劳任怨，总能圆满完成任务，受到医疗队的表扬。

三、傅莱非常关心农村卫生工作

在70年代，傅莱住在北京大佛寺的一条胡同里，是一处小四合院平房，后来又搬到建国门附近的一处住房，我在这期间曾到傅莱家去过五六次。有一次是傅莱的老母亲从奥地利到北京来看他，傅莱请当时任卫生部部长的钱信忠到他家吃饭，我和黄风作陪，钱信忠用德语与傅莱的老母亲交谈，大家边聊边吃都很高兴。傅莱谈得更多的是农村卫生工作，因他刚从广东回北京，他先介绍了广东农村性病很严重，但防治工作严重不力，发展下去将不好控制，建议卫生部作为专项工作认真抓一下。另外就是对南方农村饮水问题也提出了建议。

四、参加石家庄白求恩军医学院60周年院庆

我与傅莱最后一次见面是1999年9月，在石家庄，我们都是被白求恩军医学院邀请参加该院60周年院庆的。傅莱和我都住在石家庄白楼宾馆，房间又是对门，参加院庆活动都是在一起，几年没与他见面，我们谈起了1948年在石家庄时的往事，也为白求恩军医学院现在的规模和成就感到高兴。他非常赞赏白求恩军医学院仍保持老白校的精神和军事化管理。他还自带了摄像机，拍摄了有关庆典活动的实况。

（作者系原白求恩医科大学教研室主任）

（发表于《白求恩精神研究》2005年第17期）

金有志：永远的怀念——理查德·傅莱同志

傅莱同志于2004年11月16日病逝于北京，至今已3年。在3周年之际聚会，缅怀我们的老教员、老名誉会长傅莱同志，追思他的光辉业绩和高尚品德具有重要意义，是一次很好的学习机会。他的音容笑貌时常闪现在我的眼前。2007年7月23日傅莱同志的墓碑在白求恩、柯棣华墓旁落成。

这是他一生的光荣，也是最高的评价。

傅莱同志1939年1月，别国离乡来到中国参加反法西斯战争。从多瑙河畔，万里迢迢到长城脚下，与中国人民并肩战斗，为中国人民的解放和人类正义事业奋斗。历史证明，傅莱同志是坚定的共产主义战士，忠实的马列主义、毛泽乐思想的信徒，优秀的中国共产党员，是光荣的国际主义战士。

我第一次见到傅莱同志是在1948年，那时根据中央决定，晋冀鲁豫军区与晋察冀军区合并成立华北军区，晋冀鲁豫北方大学医学院与晋察冀白求恩卫生学校合并为华北医科大学。那时我在华北军区卫生部干部科工作。傅莱同志在华北医科大学任教员。我去学校考察干部，初次见到他给我有几个惊奇：第一，他个子高，鼻子大，蓝眼睛，典型的白种人。我从未见过洋人，非常新鲜；第二他会说中国话，虽然不太标准、不太流利，但什么话都会说，甚至会说俏皮话；第三，非常热情，像招待老朋友一样，同我握手问好，端茶倒水，并且风趣健谈："金科长宝贵呀！你知道吗？金子比什么都贵重，以前我们到北平买药都要用金子哩！"引得同志们一阵笑声。

学校有关人员介绍说：傅莱同志特长是检验技术和传染病防治，特别是检验诊断，既有理论知识又能实际操作。抗战时期我军医院处在农村，医疗设备非常简陋，大都没有显微镜，更谈不上检验人员和检验技术了。他实际上既做教学工作，也做临床工作，我心想这个人可真是宝贝呀！

将近六十年我们没有在一个单位工作过，但经常联系，感情很深，一起钓鱼，一起谈天说地，他有病我去医院看他，我有病他到医院看我。国家大事，世界大事，无所不谈。他有个很大长处，那就是爱学习。政治的、军事的、经济的、科技的他都有很大兴趣，因而，信息多，知识广。他关心大局，胸怀世界，对国外的先进技术、先进管理经验广为猎取，为我所用。傅莱同志对传承和发扬白求恩精神非常重视，他担任白求恩医科大学北京校友会的名誉会长、中国白求恩精神研究会顾问时，强调大力弘扬白求恩精神，他对社会上存在的金钱万能、唯利是图、尔虞我诈、贪污受贿、腐败之风非常气愤，给予严厉的抨击。

傅莱同志政治上敏锐，立场坚定，大事从不糊涂，就是到晚年从工作岗位上退下来，仍然头脑清醒，思想常新，理想永存。拥护改革开放，拥护党的基本路线和中国特色的社会主义。我举一件小事为例，可知其思想品德。1978年白求恩医科大学副校长陈淇园同志病逝长春时，我在北京军区军医学校任校长，与在京工作的傅莱同志恰好坐同一列火车前去长春参加追悼大会。列车服务员看他是洋人，就叫他“先生”，他对服务员郑重其事地说：“我不是先生，我是同志。”服务员一下发呆了，表现出无可奈何的样子。我马上向她解释说，“这位同志是中国人，而且是中国共产党党员，他不愿意你称他先生。”那时刚开始改革开放，不管男女老幼均称同志，只有对外国人才称作先生。如果对一位青年妇女称声“小姐”，她会感到是对她的侮辱，从这件小事可见傅莱同志的政治敏锐性。

傅莱同志对上次医疗体制改革中，把市场竞争机制引入医疗卫生系统，持有不同意见，这方面我俩看法极为一致，一拍即合，都认为医疗卫生工作是社会主义制度下最重大的全民福利事业，是政府对人民健康保护的责任，应该对每个公民免费防疫，免费医疗，不管是有钱人还是无钱人（因为有钱人已有纳税），甚至牢狱中的囚犯。把医务人员与病人的关系变成赤裸裸的金钱关系，肯定是错误的。不论大人小孩，大病小病，一律收费；对医院要求“自负盈亏”“自我发展”“断奶断粮”，并把收费与奖金挂钩，以致出现看病贵看病难的问题，长期阻碍着我们卫生事业的前进。为此，傅莱同志曾以全国政协委员的身份提出新的改革意见，可惜新的医改方案影响到方方面面，至今未能正式下达。我相信，在具有中国特色的社会主义卫生事业中，先进的改革方案一定会诞生。

中国白求恩精神研究会顾问耿毓桂：缅怀国际友人傅莱同志

今年是中国人民抗日战争胜利60周年。回忆往事，国际友人傅莱同志的事迹时时浮现在我的脑海中。傅莱同志是奥地利人，1941年12月经我晋察冀北平城工部介绍到晋察冀军区，参加中国革命。傅莱同志是个医生，随即由军区分配到白求恩学校（简称白校）任教。

我和傅莱同志相识是在1942年5月，当时我从晋察冀第一军分区调到白求恩学校政治处工作。初次见面，给我印象最深的是傅莱同志的汉语（那时傅莱学习汉语才一年），虽然不太流利，但日常对话交谈都可以。后来我才知道，傅莱同志对学习汉语、学习中国文化很重视，并取得了较好的成绩，这样与同志和群众交往起来就方便多了。

傅莱同志政治上要求进步，上进心强，他热爱中国共产党，积极学习马克思列宁主义毛泽东思想。1942年，全党开展“整风运动”。这是一次普遍的马克思主义教育运动。白求恩学校也不例外，开展了“整风运动”，但学校领导只要求专家、医学教员自愿参加，和一般干部有所区别。傅莱同志却积极主动阅读文件，读不懂的地方就向别人求教，主动听辅导报告，还和专家、教员自动组织起来座谈讨论。通过整风学习，提高了理论水平和思想觉悟。傅莱同志严格要求自己，和群众同甘苦共患难，无论遇到什么困难和挫折，从未动摇过革命的信念。因此，他于1944年经聂荣臻同志介绍加入了中国共产党，成为了一名光荣的中国共产党员。

傅莱同志对同志、对群众非常热情，工作认真负责。他教内科诊断学，不仅认真备课，遇有讲解的难点，还和其他教员一起研讨。那时学生文化水平低，一定要讲得通俗易懂，所以老师备课特别下工夫。傅莱同志更是一丝不苟，不仅使学生听明白了，而且还知道怎么运用。那时，物质条件非常困难，夜晚照明只能点棉籽油灯，这种条件下，傅莱同志也和其他教员一样，经常备课到深夜。他对课后辅导也极认真，能及时了解学员听课情况，对疑问者做到及时解答，有些需要实际操作的技术疑难，他就带领学员深入病房进行实习。他的教学工作受到领导和同学们的一致好评。

傅莱同志在抗日战争的艰苦岁月里，表现出了一个革命者的乐观主义精神，吃苦耐劳，艰苦奋斗。他在日常生活中尽力和大家一样，不要特殊照顾。1942年，由于敌寇对边区周围分割封锁，平原地区的粮食不能运到边区的山地来，造成根据地广大军民的粮食供应十分困难。后来，前方部队经过战斗从平原地区抢运一批粮食到山区，然后由机关学校自己组织人力运回驻地。“白校”决定停课一周，组织学员背粮，专家、教员不参加，留在学校备课。可是，专家、教员们不肯示弱，自发赶到三十余里外的运粮地点，同大家一起干。傅莱同志就是这个队伍中的一员，他身材高大，走在背粮行列中特别引人注目。专家、教员和同学们一起背粮，一路上谈笑风生，在“白校”一时传为佳话。

傅莱同志除在白校担任教学工作外，还在附属医院担任部分医疗工作。那时，边区部分地区曾流行麻疹、疟疾，他带领防疫小组深入部队和农村疫区调查疫情，指导开展群众性的卫生防疫工作。由于日寇的层层封锁，药品奇缺，傅莱同志虚心向当地中医求教，找到用针灸治疗疟疾的方法，并亲自到作战部队组织治疗和推广，受到毛主席、朱总司令的赞扬。1946年，白求恩学校已发展为白求恩医科大学，傅莱同志时任军区卫生部顾问，仍兼白求恩医大的教学工作。他利用美国援华委员会寄来的部分资料，因陋就简地建立起实验室，成功地研制出粗制盘尼西林，缓解了前方战场治疗用药的困难，受到了领导的好评。

以上是我对傅莱同志在白求恩学校及白求恩医科大学时的片段回忆，以表达我对这位国际友人的缅怀之情。那时，中国人民正在进行艰苦卓绝的抗日战争和解放战争。傅莱同志正是在这艰苦的战争年代，投身到中国革命中来，作出了积极的贡献，并荣获中华人民共和国三级独立自由勋章、三级解放勋章。

全国解放后，傅莱同志于1952年毅然加入中国国籍，表明他为中国革命和社会主义建设贡献力量的坚强决心，这种伟大的国际主义精神是感人至深的。

今年，正当中国人民纪念抗日战争暨世界反法西斯战争胜利60周年之际，我们追忆傅莱同志在战争岁月的光荣事迹，更加深了我们对这位国际主义战士、中国人民的老朋友的怀念之意及崇敬之情。傅莱同志的光荣一生，他的伟大的国际主义精神和共产主义精神，将永远为中国人民所传颂。

2005.5.24 于北京

江国珍：最后的吻别

我的丈夫傅莱的最后岁月，是在北京协和医院的高干病房中度过的。由于他性格开朗，本身又是医生，一生医好过无数的病人，所以，懂得如何积极配合治疗。在院方医护人员的专心医治与我们的精心护理下，傅莱以良好的心态面对疾病。在病床上，他常常是面带笑容，始终保持乐观的态度。正因为这种良好的心态，在战胜病魔的整个过程中，他的生命似乎延续了几年，连医护人员都感到惊奇。因为喉咙切开插管，他不能用语言进行交流，但他耳聪目明，视力与听力尚可，所以，给他治疗的大夫与护士，时常伸出大拇指夸奖道："傅老真棒！"意思是说在他们接触的所有病人中，像傅老这样积极配合医护人员治疗、乐观面对疾病的人是很少见到的，是我们医院的number one（"第一"的意思）。

生老病死是不可抗拒的客观规律，在他弥留之际，因为病情不断恶化，多次被推进ICU病房（重症加强护理病房，Intensive Care Unit，简称ICU），但他都能够化险为夷。当他2004年11月14日最后一次进入ICU病房时，同以往一样，领导、同事、朋友依次进去看望他，我排在最后一个。在病房外，我静静地耐心等待着，也期待着他与以往一样，能够逢凶化吉，平安地回到病房中来。我心里在琢磨，一会儿见面跟他说些什么，想着怎么给他加油、打气，我知道这时候我最能够带给他力量，毕竟我与他相濡以沫、共同生活了四十多年，做了近半个世纪的恩爱夫妻啊！我对他非常了解，一个眼神，一个肢体动作，我都能心领神会。我要全身心地呵护他，使他幸福而安详地走完自己最后的人生历程。

时间在一点点流逝，探视他的人进去一个又出来一个，我们彼此打着招呼。这时，我的大脑却是一片空白，不可名状的担忧充斥内心。送走了最后一个探视的人，我走进ICU病房，他看到我进来，冲我微笑了一下，但笑容并不轻松。他静静地躺在那里，一如既往地平静，我慢慢走到他身边，俯下身去，问他感觉如何？他微闭了一下眼睛又缓缓地睁开，这一张一合的动作似乎告诉我他还好。

我握住他的手，想给他以安慰和力量，就在那一刻，我惊住了。他的胳膊已经没有了血色，还微微发凉，这是从来没有的。在我的潜意识里，这是一种不祥的信号，我尽量掩饰住自己的惊讶，不让他看出我内心的波动。我笑着对他说："没事的，很快就会好转的，明天你就可以回到你自己熟悉的病房了。快点好起来，等回去了我给你做你最喜欢吃的火锅，还给你买冰激凌，好不好？"他没有像以前那样眼睛里闪烁出调皮的光芒，而是饱含了深情，如同我们初次相恋时的目光，暖暖的。他温情地看了我好一阵子，突然，他的嘴唇使劲地"吧嗒"了几声，在静静的病房里，是那么的响亮，这不禁让我震惊，因为他这是在告诉我，要我亲吻他，或者他要亲吻我。

作为一个西方人，傅莱骨子里是浪漫的，每次短暂的离别或是情到浓处，他总是喜欢亲吻，对于这一点我也慢慢适应了。可是，在此之前他从来没有在ICU病房里主动要求吻我。通常在我离开时，我会主动亲吻他，以给他力量和安慰。所以这次他一反常态的表现，让我感到惊异。但我没有丝毫迟疑，将我的唇放在了他的唇上，慢慢闭上眼睛，他深深地亲吻着我。我没有想到，他病了这么久，还是如此有力，他的嘴唇是那样滚烫，他的激情还是那么炙热。我们深深地亲吻着，久久舍不得分开，在深情地亲吻之后，我又对他进行了安慰和鼓励。他像往常一样静静地听着，生怕落下一个字似的。他的眼神和表情让我产生一种不可名状的联想，是温馨还是担忧？是诧异还是心灵感应？我也说不清楚。为了避免他过于劳累，在待了一段时间后，我在傍晚时分恋恋不舍地离开了病房。分别时，我从他的眼中读到了不舍恋情。我们彼此按捺不住激动的心情，再一次拥吻。那天晚上，因为他的病情没见好转，我没有像往常一样回家过夜，就住在他住的病房里，以便有什么情况变化时，能够第一时间赶到他的身边。

我从ICU病房出来，由于刚才亲吻时，我用尽了浑身的力气和激情，现在一点力气也没有了，一头就躺在了病床上，琢磨着他的举动和细节。不知为何总感觉与上几次不一样，难道这是不祥之兆吗？！半夜迷迷糊糊中我接到了医生打来的电话，那时已经是半夜12点，“傅老情况不是太好，我们正在抢救，您过来一下吧。”放下电话，我就冲向了ICU病房，那时我担心极了，感觉手脚都是冰凉的，顾不得多想，我先给傅莱的大儿子傅培德打了电话，接到电话他就往医院赶。我在病房外焦急地等待着，一小时后，医生出来对我说：“非常抱歉，我们尽了最大的努力，但没能挽救住傅老的生命，请您节哀……”后来医生又说了些什么，我已经不知道了，此时脑海一片空白，心里难受极了，想想下午的一幕幕，他分别是在与我吻别。可能身为医生的他，比别人更了解自己的身体，他已经意识到自己将告别人世，亲吻是他与我最后的道别方式，可惜我现在才体会到。此时，他与我结合的往事、生活的镜头像电影般一幕幕浮现在眼前：

从1961年结婚到现在，我们恩恩爱爱、亲亲密密43年，在与他朝夕相处的日子里，我被深深感染着。傅莱的一生令我钦佩，他在中国最困难的时期不远万里来到中国，帮助中国人民抗日，度过了最艰苦的日子，虽然也受过不公平的待遇，但依然无怨无悔，深深地爱着中国，并选择了加入中国籍来证明自己的心迹。他心系百姓，最喜欢与老百姓打交道。抗战时期如此，当了政协委员后亦是如此。至今老区的百姓还记得他，保存着他治病时坐过的三条腿的板凳，被他救治过的80多岁延安老大爷还能在60多年后清楚叫出他的名字。

三年困难时期，他吃不饱肚子。“文革”时期，他遭受到不公平的待遇，被安了“外国间谍”的帽子，国家给他配的汽车也被收回了。他每天上班就是坐公交车，但对于有着一米九多大个子的他来说，在车上根本站不直，售票员照顾他，让他站在进门的台阶上。为了免去上班途中的不便，他改骑自行车，可自行车对他来说太小了，不足以驮起他这个大个子，很是不便。有次穿了件新裤子出去，回来时就摔破了。那段岁月是艰苦的，不仅是物质上的，更重要是精神上的，但他从来没有说过什么，而是无怨无悔，总是用一种积极的心态去生活。

他在家里，绝对没有那种大男子主义。每每下厨做饭、烧菜、配餐、做点心都是专心致志，力求做到最佳。他做任何事情都是一丝不苟，令人佩服。闲暇之余，还帮助我染发、卷发等。然而现在，我再也不能得到他无微不至的关爱与呵护了，我为失去这样的好丈夫而痛心不已。

傅莱的生活态度是积极向上的，他的性格是乐观豁达的，他高尚的情操、优秀的品质，永远铭刻在我心中。他在中国65年，用一句话概括，就是："我在中国，做了我该做的事。"作为他的伴侣，我深深地爱着他，同时也深深地敬佩他，他是我心中的榜样，最亮的星。我对不少亲密的朋友讲过，与傅莱的结合是我们两人终生不悔的选择，我们俩心心相印、情投意合，恩恩爱爱，牵手走过了艰难困苦的岁月，度过了我们幸福的人生。

傅莱走了，我相信他是带着满足和微笑走的！

第五章　媒体报道

光明日报：无悔的选择——忆抗战时期的傅莱

王怀成

在纪念中国人民抗日战争胜利60周年之际，傅莱同志的遗孀江国珍女士在北京接受了本报记者的独家采访。她展示了傅莱同志留下的一张张发黄的照片，深情地讲述了他从奥地利到中国，投身中国人民抗日战争的传奇故事。

追寻毛泽东、朱德领导的八路军

1920年，傅莱出生于奥地利维也纳的一个普通人家。上中学

傅莱画像（和平作于2005年8月）

时，他秘密接受了马克思主义教育，加入了奥地利共产党。在维也纳，他系统学习了X光机的使用、临床化验和急救等医护知识。1938年3月，希特勒德国吞并了奥地利，打破了他立志在家乡当一名医生的梦想。傅莱不堪忍受法西斯对祖国的蹂躏，积极参加了反法西斯斗争，因此遭到纳粹党卫军和秘密警察的追杀。奥地利共产党不得不安排他紧急转移。年仅19岁的傅莱先到意大利，后乘远洋客轮，在海上颠簸近一个月，终于在1939年1月15日辗转来到中国上海。

江国珍说，傅莱的同学纷纷逃往其他国家，只有他到了中国。“因为他听说，在中国有毛泽东、朱德领导的八路军，他们为老百姓谋利益。他觉得这样的组织符合他的信念和追求，所以他选择了中国。”傅莱对送行的家人说：“我这次出去，就是要找一个能继续革命的地方，能够促进奥地利摆脱法西斯统治。”

在上海，傅莱先在虹口一家由外国慈善团体开办的医疗接待站工作。这期间，中国人民在日寇铁蹄下的水深火热生活给他留下极为深刻的印象。他对腐败无能的旧中国政府彻底失望了。他要找到八路军的愿望更加强烈。江国珍说，在上海，傅莱也有了自己学有所用的工作，但他还是想要到拯救劳苦大众的八路军队伍中去。他离开上海，北上天津、北京、北戴河等地，边工作边寻找八路军。1941年的一天，在我地下党的帮助下，他在天津终于得到了聂荣臻司令员邀请，来到晋察冀边区工作，参加了八路军。傅莱后来形容他当时的心情是“像黑暗中见到了光明，像孤儿回到了母亲的怀抱”。

聂荣臻司令员接见了他，并根据他名字的德文发音给他起了一个中国名字“傅莱”。聂司令员对他说：“你是追求自由找到八路军的，叫这个名字很好（傅莱也是德语“自由”的谐音）。你有医疗方面的特长，先到八路军办的白求恩卫生学校去当老师吧。”就这样他被任命为晋察冀军区医药指导委员。江国珍拿出聂荣臻司令员亲笔签署的任命书对记者说：“是聂帅指引他走上了中国革命的道路。”白求恩卫生学校是为八路军培养医务人员的，是白求恩来中国的时候建的，当时印度援华医疗队的柯棣华也在那里工作。于是，傅莱就和柯棣华一起，边教学边救治伤病员，开始了他的中国革命历程。

白求恩学校的“洋教授”

傅莱刚来的时候不会讲中国话。聂司令员要给他配一个翻译，倔强的傅莱就是不答应。几年后傅莱自豪地对江国珍说，如果当年用了翻译，今天就不可能讲这么好的汉语。为了准备一堂45分钟的课，傅莱每次都要花费八九个小时备课。他先用德文、英文写好讲稿，在同事的帮助下借助字典译成汉语，然后在汉字旁边注音，让同事们帮他练习发音，直到别人能够听明白。当聂司令员知道他经常要挑灯夜战时，还专门让校长破例给他发了一盏两个捻子的油灯。他讲课时经常念错字，搞得大家捧腹大笑，但学员们都很喜欢听这位“洋教授”的课，说他讲课形象生动、活泼有趣、通俗易懂。功夫不负有心人，一年后，傅莱就能讲一口流利的中国话了。

傅莱爱钻研、爱学习，脑子比较灵。他带来的医学资料早被他翻烂了。当时根据地偶尔会有外国团组来考察，傅莱一有机会就向他们索要医学杂志和资料。1943年晋察冀流行麻疹和疟疾，在日寇的层层封锁下，根据地缺少药品。傅莱就登门虚心向老中医求教，用中西医结合治疗疾病。他大胆尝试用针灸治疗疟疾，驱除患者的病痛，并亲自下到作战部队组织实验和推广。江国珍说，当时没有太多的针灸用针，傅莱就教老百姓、战士们用缝衣针来针灸。这一“发明”还受到了毛主席、朱总司令和聂司令员的表扬。作为一名医生，傅莱从他踏上根据地的第一天起，就一直琢磨如何解决少药和无药问题，并不断进行研究和试验。1945年他随中国医科大学到张家口，他一边教学，一边科研。当时青霉素已经问世，根据地没有这种药，但又急需。一次偶然的机会他得到了美国援华委员会提供的青霉素菌种和一些书面资料。他进行了大胆实验，在屋里挖炕烧火，以保持室内恒温，然后将青霉素菌种放在他的瓶瓶罐罐里进行培养和复制。他终于研制出了“土”青霉素，并亲自跑到部队中推广。他研制的药对于缓解我军当时用药困难，尤其对于减轻战士外伤感染发挥了很大作用。

傅莱从来都不把自己视为特殊的一员。江国珍向记者介绍说，傅莱的战友胡宁告诉她，在一次日寇扫荡中，为了救伤员，胡宁和傅莱冒着日军的炮火冲了上去。我们的许多伤员被炮弹炸起的土石埋起来。傅莱没有锹，就用手拼命地刨，手上的皮肉都烂了，到处是血。胡宁说，他是一个外国人，能将自己的生死置之度外，给他留下深刻印象。他192公分的大块头也和别人喝同样多的稀粥。“他也饿，有时看见锅底上还留下烧糊了的‘锅巴’，就抠下来，装在口袋里。”说到这，江国珍再也抑制不住眼中的泪水。

“我是中国人，我爱中国”

峥嵘岁月使傅莱更加认识到了中国共产党所追求事业的伟大。他从1942年开始连续3年申请入党。在聂荣臻的介绍下，1944年他终于实现了自己的愿望。1949年新中国成立，百废待兴，这位为中国人民的解放事业奉献了10年青春的奥地利青年又作出了他人生中的一个重大选择。他说：“我要留在中国，新中国刚刚成立，正需要人才。”不久，他又申请加入了中国籍。江国珍说：“他虽然外表跟我们不一样，内心里却跳动着一颗真正的中国心。无论是战争年代的枪林弹雨，还是受到政治运动的冲击，他从没有怀疑过自己的选择，从没有动摇过自己的信仰。他为中国人民的解放事业和建设新中国贡献了一生，这是他无悔的选择。他常自豪地说：‘我是中国人，我爱中国。’”

新中国成立后傅莱曾任中国医学科学院中国协和医科大学顾问等职，曾为第六、七、八、九届全国政协委员。2004年11月16日，傅莱去世。遵照他的遗愿，他的遗体被用于医学研究，骨灰撒到了河北唐县，与白求恩、柯棣华和他在抗战中牺牲的中国战友一起长眠在那里。他把自己永远留在了中国这块热土上。

2005年8月12日

人民日报海外版：他与中国的一世情缘
——追忆奥地利老专家傅莱

张红

1920年，傅莱出生于一个普通的奥地利家庭。谁都不曾想到，这个婴儿的命运居然和万里之外的中国紧紧连在了一起。从19岁踏上中国的土地开始，傅莱经历了中国的峥嵘岁月，这片土地凝聚了他一生的热爱与心血。84岁时，正是在这片土地上，他永远地闭上了双眼。然而，和他一起并肩奋斗过的人们却永远记住了他。

收拾好心情，记者走访了傅莱的遗孀江女士。

傅莱对共产主义的信仰很早就萌芽了。1937年，他秘密加入奥地利共产党。那时候，遥远的中国还只是一个模糊的名字。

然而，命运却把这个名字变具体了。1938年3月，法西斯德国吞并奥地利，积极参与反法西斯斗争的傅莱上了盖世太保黑名单。同年12月，奥共地下党组织通知傅莱紧急转移去中国。

连傅莱自己也没想到，他居然在这里一待就是一辈子。

到中国后，傅莱辗转上海、天津、邢台等地寻找党组织。终于，一天他在天津一家医院工作时收到了聂荣臻司令员的口信，说欢迎他参加晋察冀边区的工作。傅莱像在黑暗中看到了曙光。1941年，他终于到达边区，并留在白求恩卫生学校任教学工作。“他曾如此描述他当时的心情，‘感觉像孤儿回到了母亲的怀抱’。他说是聂帅指引他走上了中国革命的道路。”江女士说，“傅莱的名字也是聂帅改的。刚到中国时，他给自己取的名字是‘德一’。后来，聂帅根据他奥地利名字的发音改成了‘傅莱’。”

在严酷的战争岁月中，傅莱始终保持着饱满的热情，为中国的卫生事业奉献着自己。

战斗的岁月培养了傅莱对中国共产党的深厚感情。自1942年开始，他连续3年申请入党，终于在1944年，他的申请得到了批准。聂帅是他的入党介绍人。

新中国成立后，傅莱先后在重庆卫生局和中国医学科学院情报所工作。“年龄大了以后，他的生活习惯有些回归，更喜欢吃西餐和咖啡，不过，他从来没有后悔过自己选择留在中国。”江女士的眼中泪光莹动。

2004年年底，傅莱去世后，江女士通过电话通知了河北唐县那些曾经和傅莱并肩战斗过的人们。电话那头的人们听到这个消息后失声痛哭。遵照傅莱的遗愿，他的骨灰撒在了河北唐县的土地上，永远和她所热爱的土地依偎在一起。

2005年6月25日

青年时讯：一个奥地利革命家在中国的63年

记者/陈锋　文/陈颐

1938年，19岁的奥地利年轻革命者傅莱被列入盖世太保的黑名单，在当地党组织的帮助下，他坐上驶往东方的船，经过28天的海上颠簸，来到了当时无须签证的中国上海。离开维也纳时，傅莱对送行的同志说："我出国后，一定要做有利于奥地利人民解放事业的事情。"

谁也没有想到，这位奥地利职员家庭中的独子一离开就是一辈子。在中国抗日根据地延安，经聂荣臻同志介绍，他加入了中国共产党。如今，这位有着五十多年中国共产党党龄的老战士是全国政协委员，还承担着中国医学科学院顾问的工作。

6月底的一个周末，在京城北四环一套红色的独家小院里，来自奥地利的中国共产党老党员傅莱同志坐在我面前，当年英姿勃发的青年傅莱如今已是满头银发，讲一口吐字清晰流畅的中国话，唯一没有改变的是那1.90米的身高，与众不同的蓝眼睛和高鼻梁。

"我的日子安排得很满，下周一还要去卢沟桥抗日战争博物馆开会。"

那过去了许久的岁月随着他缓缓讲出的故事展现在我眼前。

回首当年，傅莱记忆犹新。"我刚到中国时，在上海一家医院的门诊部找到一份工作，那时，很多从欧洲逃亡到上海的人得了猩红热，我负责照料他们。"心中的理想使傅莱一边工作，一边寻找中国共产党组织。"我到中国参加革命，就要加入中国共产党。"他坚定地说。

经过北京地下党组织的安排，傅莱终于在妙峰山脚下与前来接应的同志会合。

"那是一个秋天，我穿着一件皮衣，领路的战士带着机关枪在山上跑，累得我一身大汗，晚上到一老乡家就倒在炕上。第二天醒来一起身，听到身上的皮衣发出一阵响声后就烂成了碎片。火炕太热了，把皮衣烤碎了。”

傅莱终于找到了实现革命理想的方向。凭着他掌握的医疗卫生特长，在晋察冀抗日根据地，他被安排到白求恩卫生学校和柯棣华一起工作。“那时候，组织上把我放在哪里，我就在哪里工作。打仗的时候，我们就抢救伤病员，我有时候也上战场参加救护，但组织上总是安排我待在医院里。敌人不来扫荡时，我就搞教学工作，给干部战士还有乡亲们看病。那时，老乡们种地没有牲口和肥料，部队就动员我们去拾粪。那时的生活非常辛苦，没有什么粮食吃。我最初住在老乡家，他们给我吃黄豆当饭，大家都用筷子，我夹不起来，掉在地上的豆子比放在嘴里的还多。后来到部队上，吃小米、玉米、黑豆，打胜仗的时候会有一些战利品来改善伙食。组织上很照顾我，每个月还能让我吃一次肉，一年吃一顿饺子。”

“这些苦我扛得住，从来没有动摇过对共产党的信心。”

倔强的傅莱为了克服教学工作中不懂中文的困难，坚决不要翻译。“我不要翻译，否则一辈子也不会中文。我请人把外文讲稿的每一个字都标上汉字及拼音，学会一个一个字地去读，直到别人听得懂为止。为了用中文讲45分钟课，我备课需要8个小时，那时候几乎没怎么睡过觉。学生们喜欢我的课，因为我讲中文经常出笑话。我的中文在工作中不断地提高，终于在学习中文半年后，我在一天夜里做梦和别人吵架，用的竟然是中文。其实，中文还是比较好学的，没有格、性、时态的变化。”

1943年，一场疟疾在晋察冀抗日根据地蔓延，超过90%的部队官兵和老百姓都在“打摆子”，傅莱也染上了疾病。“那时候药品奇缺，有时候连一点药都没有了。只有用盐和酒给伤员治病。一点点可怜的治疟疾的奎宁无法治疗这样多的病号，我就想办法去找中医研究，开始用针灸的办法治疗疟疾，还教不少的战士和老乡用缝衣针自己扎穴位。这种土办法普及到部队，真的控制了疾病的蔓延，使很多病人恢复了健康。这件事还通报了全军，受到毛主席的表扬。后来我去延安工作时，见到毛泽东主席，他还谈到这件事。”就是在延安的日子里，傅莱加入中国共产党的愿望终于实现了。

是怎样一种信念使傅莱一直坚守在抗日根据地和解放战争前沿？他难道就没有想过那遥远的美丽的家乡奥地利？热爱音乐的奥地利人在没有音乐的战场上想的是什么？“我们没有收音机，听不到音乐，听到最多的是炮声。我顾不上想家，想得最多的就是何时解放，最关心的就是我的伤员何时痊愈。”

1945年抗战胜利后，傅莱来到张家口担任华北军区卫生部顾问，一面教学，一面搞科研。他利用美国援华委员会寄来的青霉菌种和部分资料，成功地研制出粗制盘尼西林，缓解了解放区外伤用药紧缺的状况；他还以解放区救济总会晋察冀代表的身份，不失时机地从山东沿海将许多医用物资运回华北解放区。随着解放战争的激烈进行，傅莱带着听诊器和X光设备，参加了著名的第一次太原攻坚战和天津战役，在硝烟弥漫的战场上抢救了一个又一个伤病员的生命。在“打倒蒋介石，解放全中国”的进军号声中，他跟随邓小平从华北被派往大西南，从事卫生管理和教学工作。

新中国成立了。傅莱这位与中国人民一起为新中国的建立奉献青春和热血的年轻人30岁了，要不要回奥地利？“我想，还是把国家建设好一些再说吧！我要做一个中国人，我的事业在中国。”

就在这一年，他提出加入中国籍。

“和30年代一起参加革命的朋友相比，我最满意的是，自己忠于革命的理想始终没有动摇过，革命意志没有衰退。作为一个共产党员，我没有令人失望的地方，对得起人民。但是，我也没有什么特别了不起的地方。”傅莱给自己作出这样的评价。

在中国“三年自然灾害”的时期，由于缺乏营养，傅莱的腿与很多中国人一样浮肿着。在“文革”期间，他钟爱的医学研究和情报工作被中断，他甚至还被怀疑为“希特勒派遣小集团”成员……但是，他始终没有动摇过自己的信念。五十多年来，无论是担任重庆卫生局的顾问、在重庆医学院教学，还是后来调往北京，到中国医学科学院情报所工作，他都以满腔的热忱和忘我的精神，全身心投入到工作之中。70年代末，我国卫生部和世界卫生组织合作建设中国生物医学情报中心和网络，傅莱作为情报所副所长，出任了项目主任。他和同志们一起，苦苦探寻中国特色的生物医学情报和网络的现代化道路。他多次去国外考察，购置计算机等设备，组织培训，还跑遍全国帮助中南、华东、华北、东北等地区建立生物医学情报中心和网络……

在中国工作了20年后，傅莱终于在四十多岁时，在阔别了祖国

24年后，浪迹天涯的游子带着新婚妻子回到了奥地利。“当时我父亲去世了，家中只剩下母亲一个人。我就把她带到了中国。但是，她不习惯这里的生活，连她习惯喝的咖啡也没有，后来她又回到了奥地利。”这一别就是永诀。

1985年傅莱退居二线，作为中医学科学院顾问、情报所名誉所长、全国政协委员，他始终以强烈的社会责任感，把对中国的热爱体现在具体的努力之中。几年前，傅莱又一次回到当年的晋察冀抗日根据地，看到当地的老百姓还没有过上富足的好日子，心里非常的痛苦和伤心。他对当地的领导说：“当年如果没有人民群众的支持，哪里有我们今天和平的生活？”

看着傅莱那满头白发和脸上的皱纹，我问他的人生信仰是什么？他的人生价值体现在哪里？“人活着一定要有活头。我信仰马克思列宁主义，从根本上说，就是解放全人类。我相信中国共产党，天塌下来，共产党也垮不了。从它走过的80年历史来看，它能够解决自己的各种问题。有时候问题成了堆，他也能够战胜。但是现在令我担心的是，腐败这个蛀虫问题正在腐蚀着我们的党。我最讨厌的事情就是弄虚作假，我最反感的字是‘神’。这么多唯心主义的名称在我们生活中出现，这是为什么？”

告别傅莱时，他在门口握住我的手问：“你准备撤退了吗？”

说话的口吻，还是一个老战士！

湖南日报：燃烧半世纪的中国情
——怀念白求恩式的“洋大夫”傅莱

周婷玉

傅莱19岁时离开奥地利，到84岁逝世时，他在中国的土地上走过了半个多世纪。他从一名帮助中国人民进行反侵略战争的战士成为一名中国社会主义事业的建设者，从一位国际友人成为一位中国人。这一路历程他都充满了革命和工作热情，他的胸怀里涌动了半个多世纪的中国情。

几十年来，傅莱得到了党和国家历代领导人的关怀和多次接见，在他病重期间及去世后，胡锦涛、温家宝、吴仪、贺国强、李瑞环、华建敏、刘延东和吴阶平等以不同方式表示慰问和哀悼。

1939年傅莱来到中国，1941年便奔赴晋察冀边区参加八路军。就在那时，他看到了中国未来的曙光，萌发了加入中国共产党的愿望。1942年递交入党申请书，1944年他终于如愿以偿。

在傅莱担任晋察冀军区医药指导委员时，晋察冀流行麻疹、疟疾等疾病，他不辞辛苦地寻找除疾良药，并深入部队实验推广。在担任医学教员时，他千方百计克服教材和实验器材严重缺乏的困难，培养了大量医务工作人员。担任华北军区卫生部顾问时，他成功地研制了粗制盘尼西林，缓解了急需的外伤用药困难，他还亲自奔赴前线救治伤病员，被人们亲切地称为白求恩式的“洋大夫”。新中国成立后，他在中国西南地区工作十余载，经常深入边远农村和少数民族地区，了解地方病的情况，并及时解决问题。他1962年调入中国医学科学院情报所，1979年出任情报所（现为中国医学科学院医学信息研究所）副所长，又积极带领大家，在1987年建成我国第一个大型医学文献计算机检索系统，结束了我国医学文献手工检索的历史。

一直以来，傅莱都严格按照共产党员的标准要求自己。医学信息研究所副所长张虎林说，1985年退居二线以后，他还坚持参加党的组织生活，风雨无阻。

“回想这一辈子，我忠于革命理想，从不动摇自己的信念。”这是傅莱作为一名中国共产党党员的毕生宣言。

在傅莱心中，他从来没有把自己当成外国人，而且特别强调“我是中国人”。有一次，听到有人说他要回国探亲时，他马上更正说：“我不是回国探亲，而是出国探亲。”

新中国成立时，傅莱还不到30岁，他完全有机会回到奥地利，但他毅然选择留在中国。1962年，傅莱及夫人前往奥地利探亲，当时就有人猜测，他这次肯定不会再回中国了，但他仍然按期归来。他曾说：“我在中国参与了一项伟大的实验，这就是中国共产党领导的社会主义事业，这个实验至今还在进行，我不能为了个人利益而将自己为之奋斗的事业半途而废。”

除了放不下他的事业，他还牵挂着中国人民，他曾和同事说：“奥地利的朋友都劝我留下，我知道，留在奥地利也许我会更富有，可是在那里，我到哪里去找在中国艰苦岁月中建立的人与人之间的那种真诚和友爱呢？”

战争结束了，傅莱对老区人民的感恩之情却从没有断过，在战争时期，他看到老区人民宁可自己吃糠，也要把仅有的粮食捐献给前方战士，乡亲们为部队种菜，自己却吃榆树叶。他切身地体会了中国农民的伟大。在担任第六、七、八、九届全国政协委员期间，他经常深入基层调研，急切盼望老区人民生活越来越好。他不止一次地在政协会议上呼吁：“我希望先富起来的地区多支持多帮助老区，让那里的人民尽快脱贫致富。”

傅莱曾说，世界无产阶级革命事业是一个不可分割的整体，中国共产党人应当既是一个爱国主义者，又是一名国际共产主义战士。他就是带着这样的信念实践了革命的一生。

2005年3月26日 A4版

广州日报：活着的“白求恩”——记“洋八路”傅莱

王达理

战火纷飞的抗日战争年代，在八路军和新四军中有几位出色的“洋八路”，他们大多已以身殉职或病故。尚健在的只有被人们誉为“活着的白求恩”的傅莱。

1920年2月11日，傅莱降生在音乐之都——维也纳。学生时代他加入了共青团，后来又加入了奥地利共产党。1938年，德国吞并了奥地利，非日耳曼血统的人遭到歧视和迫害。地下党组织也遭到破坏。傅莱在党组织的安排下，登上了一艘邮轮，开始了漂洋过海的流亡生活。1939年，他终于到达了上海，辗转平津后，在地下党人黄浩的帮助下，傅莱终于和敌后抗日根据地取得了联系。聂荣臻和肖克同志给傅莱发了电报，欢迎他前往根据地参加八路军。1941年夏，傅莱带着一些医疗设备，几经艰辛进入了晋察冀抗日根据地。不久，傅莱到了平山县的一个小山庄，聂荣秦司令员接见了他并请他一起吃饭，把他分到白求恩卫生学校工作。就在赴任途中，傅莱和接应他的同志与日本鬼子打了一场遭遇战，缴了鬼子一挺机枪，甭提多高兴了。

傅莱对工作的认真严肃是根据地出了名的。为了解决战伤感染问题，经过反复的实验，他研制出了可大量生产的外用盘尼西林，对化脓性的战伤非常有效。在抗日根据地，这种药被普遍使用推广，为我军的战伤救治解决了一大难题。

“傅老，听说您还学过中医”？有人问他，傅说：“对，那是1942年，我在白求恩卫校任教。当时，部队里不少人患疟疾，而治这‘打摆子’病的奎宁却很少。于是我学针灸，掌握了治疟疾的穴位和针法，果然见效，患者都被治好了。”这件事让毛泽东主席知道了。1944年傅莱奉命到了延安，毛主席还因这件事情表扬了他。

傅莱是一个天生乐观风趣的人，那年傅莱进入根据地后，晓行夜宿，觉得身上发痒。有一天，他把毛衣从身上脱下一瞧，好多白点。他问战士们：“我的毛衣怎么发霉了？”战士们笑答：“嗨！这哪是发霉啊，这是长虱子啦！小白点是虱子生的儿子叫虮子，我们身上都有，这叫‘革命虫’。”“那可是我有生以来第一次莫名其妙地浑身长了‘革命虫’啊！”傅老不无得意地说。

傅莱为了献身中国革命事业，于1944年加入中国共产党，由聂荣臻任介绍人。新中国成立后，傅莱申请加入中国籍，并在北京中国医学科学院工作多年。现在，76岁高龄的傅老除担任全国政协委员外，还担任中国医学科学院顾问、医学信息研究所名誉所长、医学科学院图书馆名誉馆长等职。

北京晚报：和中国人民共命运
——访中国医学科学院顾问傅莱

前不久，在一次座谈会上，一个身材魁梧、精神矍铄的“外国人”受到大家的欢迎。会后，笔者有机会访问了他——中国医学科学院顾问、抗战初期来自奥地利的傅莱同志。

“我不是外国人，我是中国人。”一见面，傅莱同志就操着流利的汉语声明，“1949年刚解放，我就申请加入中国籍，现在还是全国政协委员呢！”

“我在中国生活工作快50年了，我和中国人民有着共同的事业、共同的感情。我觉得自己和一个普通中国人没什么不同。”

1920年，傅莱出生在奥地利。他十四五岁就参加了工人阶级的革命活动。1938年，德军占领奥地利，他的名字也上了黑名单，只好流亡国外。当时，只有南美和中国入境不用签证，南美太远路费又多，而中国这个东方古国早就吸引着年轻的傅莱。这样，他选择了中国。到达上海以后，就立刻想办法寻找共产党的队伍，终于在北方接上了关系。1940年，从北平经西山，秘密进入了晋察冀抗日根据地。

“到了晋察冀，我被分配到白求恩卫生学校教课。当时的困难真不少，最大的一个就是语言不通。讲课要先用德文写出讲义，再请人或者查词典翻成中文，还要在汉字旁边注上音。讲一节课往往要花十来个钟头备课。但是在同志们的帮助下，我终于学会了汉语。现在想起来，那时的生活确实艰苦，可人们之间很真诚。我后来决定留在中国，和那段生活的影响是分不开的。”

“听说您的名字还是聂荣臻同志起的？”

“不错。聂帅根据我德文原名的谐音起了这个名字。他还在1944年介绍我入了党。算来，我也是有43年党龄的老党员了。”

从抗日战争到解放战争，傅莱一直坚持在根据地工作。他曾经在药品奇缺的情况下，摸索出用中国针灸治疗疟疾的办法，控制住了传染病在根据地流行，受到了党中央的表扬。今年5月，他回了晋察冀老区一趟。

“乡亲们对我们非常热情，我的老房东至今还保存着我用过的三条腿板凳。可我回来之后，心情并不很愉快，总觉得欠缺了什么。老区人民的生活总的是好多了，能吃饱，有房子住。不过有的地方，特别是山区，改善还不大。看了这些，我是眼不掉泪心掉泪。改变老区的面貌，根本出路还是改革，要打破旧观念，采用新办法。我希望各级领导、先富裕的地区，都对老区多支持多帮助，使那里的农民尽快过上中等水平的生活。不要忘了，人家为革命的胜利付出过多大代价，作出过多大贡献。”

“对于中国的前途，我是充满信心的。当年，我们靠上下一条心，打败了强大的敌人。现在，有党的坚强领导，又有改革的决心，什么困难都能克服。‘十三大’要召开了，我这个老党员和大家一样，希望我们的国家今后能有更大的变化。”

访问结束时，傅莱同志知道我是做青少年工作的，又特意提道：“现在年轻人都喜欢游山逛水，我希望他们也去看看老根据地的山水，和那里的人民交朋友，为建设老区做点有益的事，尽一份中国人的责任。”

1989年10月21日

“洋委员”直言不讳

洪岩

全国政协医卫组的傅莱是委员中为数不多的中国籍奥地利人，是中国医学科学院顾问，许多人称他“洋委员”。吸引我采访他的首要原因，自然是他醒目的高鼻梁和灰白头发。其次，这个倔强的老人几天来曾3次回绝我的采访。

当我3月9日下午第4次采访他时，他终于放松了一直严肃的面容，露出一丝宽容的笑。但随即说“只有10分钟”。因为10分钟后小组讨论就要开始。

“我对医卫界有些事情有意见。”他操着很熟练的普通话说。他的直言马上给我留下了深刻印象。“虽然这些年医药卫生方面立了很多法，但还远远不够，如《医师法》应尽早出台。另外经常有执法不严的现象，这要认真查处。”

他接着说：“有些人特别是一些年轻人丢掉了严肃认真的医疗作风。甚至在最优秀的医院里，一些年轻医生连病历都写不好，使用的设备先进了，作风却丢掉了。”

他对医疗扶贫也提出了自己的看法。“医疗扶贫为农村群众服务是好事，但不要流于形式。医务工作者要有为人民服务的恒心，要能够长期在农村工作。”

他看了一下手表后说：“还有一分钟，我再说一条。目前我国医疗事业浪费严重，很多医院都有CT，核磁共振，哪里用得了这么多，远超过发达国家的水平。时间到了，我要准备发言稿了。”

当我请他简单介绍自己的经历时，他只轻声说了一句：“我曾经是一名八路军，那时候我来到中国，就留在了这片土地上。”

人民日报海外版：记住这位“洋委员”

邓友梅

今年是全国政协会议换届的年头。5年参政议政，留下不少美好回忆。举例来说，有几位中国籍的“洋委员”（应叫作华籍洋人），就给我极深的印象！

政协休会期间，我参加“外委会”活动。有次到一个乡镇企业办得出名、经济效益显著的县城视察。看过与外国合资的服装厂、皮革厂、玩具厂，接下来与当地干部座谈。这地方是作为先进典型公开介绍过的，在发展经济、脱贫解困方面确实有明显成绩，当地干部也听惯了捧场话。有几位开头发言的人在提出意见的同时，也免不了附加几句赞扬。我身旁坐着位大鼻子黄头发的“华籍洋人”政协委员。别人发言时，他作了个不以为然的表情，就低下头喝水，一声不吭。过了一会，会议主持人忽然叫着他的名字，客气伸出手说：“请您说几句吧！大家欢迎！”说着带头鼓掌。等掌声停歇，那位委员用带洋腔的中国话说道：“我说话不好听，怕你们不欢迎！”当地同志马上说：“欢迎批评，什么话我们都爱听。”那委员便站起身来：“既然这样，我就说两句。请问门口那辆奔驰轿车是谁坐的？”人们一下都被问愣了。会场里叽叽喳喳，却没人正式回答。那位委员便提高嗓门又问了一句：“那辆高级轿车到底是谁坐的？”一位企业负责人举手，小声应道：“是我坐的。”那委员马上冲着他说道：“你知道在西方这是什么人坐的吗？”不等对方回答他便气哼哼地说道：“那是大资本家，高级官员坐的！连发达国家也只有富豪才坐得起，咱们不还是发展中国家吗？你们这里不是刚脱贫吗？一个厂长就坐这种豪华车？你坐得安心吗？”

会场一下子静下来了，鸦雀无声。那位委员又指出我们参观的合资工厂，在环境保护、安全生产、劳动条件等方面有严重的不合格状况。有位企业负责人想辩解，说曾经有关部门检查过，颁有合格证。他摇头：“这一套我懂！可我也懂什么叫危害工人的健康！我就是大夫！”他愤慨地责问：“这种情况在他们欧洲和美国允许吗？他们不允许干的事为什么到我们中国来干？！中国人不是奴隶……”“说得好！”全场响起了雷鸣般的掌声，比他发言开始时热烈多了。

我对他肃然起敬。方才记起有本材料上介绍过，他是和白求恩一样，当年为支持我国人民抗日，漂洋过海从西方世界来到这个东方国度的。经过几十年的战斗，他跟这块土地和它的人民结下深厚感情，他离不开它了，决心加入中国国籍，由贵宾变成了它的主人。

我曾想：他那么直率发言，是否跟西方人一向直来直往的习性有关？也许他还没学会中国式的含蓄和谦逊？

去年视察、参观陕北，我又和他结伴。在西安革命博物馆，人们看到有张历史照片，拍的是毛泽东接见外国专家，照片上那位外国专家正是我们身边的这位委员，顿时欢呼起来。他却连连摆手，躲到一边独自看展览去了。有人还喊他，同来工作人员小声说：“别叫了，他原来跟前边那队人走的。知道有这张照片，进门后故意落在后边，没想到又赶上了我们这一拨……”这时他一面急忙离开人群，一面举起手中的说明书挡住了半边脸。我才明白：原来他很懂得什么叫含蓄和谦逊，也习惯于中国人的习性！上次发言完全是出于一个政协委员的责任感，胸怀坦荡，尽职尽责！也许他的话欠全面，也许当事人还有理由解释，但谁也不能否认它表达的作为政协委员的使命感和崇高品格。

1998年3月

宁夏政协报：傅莱的午餐只要一碗面条

张文楹

4月6日，一位蓝眼睛、高鼻梁、大个子、顶一头银发的“老外”来到了自治区政协大院，他身着褪了色的中山套装，脚蹬一双旅游鞋，操一口流畅的话语，一进接待室便随手拉过一把硬折叠椅坐在上面。从着装到举止言谈，处处让人感到亲切自然，毫无做作之态。

75岁的傅莱，1920年2月出生于奥地利首都维也纳。为支援中国抗日战争，他于1939年来到中国，先后在上海、天津、北京等地的医院工作。1941年到1949年，曾在晋察冀军区白求恩卫校、延安医科大学、重庆医学院、北京医科大学担任教授，以自己的高超技艺培养了一批又一批“白衣战士”。几十年来，他执着地热爱中国，热爱中国人民和中国的革命事业，不但加入了中国国籍，而且还加入了中国共产党。

作为党员，他年逾古稀仍然为中国的经济建设四处奔忙。他充分利用自己在国外的亲朋和熟人关系，牵线搭桥，引进外资和先进技术、设备。他的目光一直盯住大西南和大西北这些边远落后地区。为此，他已经是第二次来宁夏，想为这里的人民做一些好事。这次他亲自来石嘴山及银川地区，对一些工矿企业进行了实地考察摸底，准备回京后争取逐项推向国外或从国外引进资金。

作为党员，他在生活上严格要求自己，从不搞特殊化。傅莱是一位老资格的中共党员，享受着部级待遇，但在经常性的基层视察中，他住普通的客房，吃普通的膳食。在宁夏的4天时间里，凡进餐前他都提出要求：只要“一菜一汤”或“一碗面条”，而且顶多只许一人陪餐。4月6日上午座谈会结束后，自治区政协秘书长魏世成请傅老到宁夏宾馆就餐，傅老马上说：“我不要就餐，我只要一碗面条。”魏秘书长说：“宾馆已经安排好了。”傅老说：“你们要怎么吃那是你们的事，我只要一碗面条。”魏秘书长不得不按傅老的意愿重新作出安排。记者对傅老说：“您这么大年纪了，下来吃好点也是身体的需要。”他认真地说：“走到哪里大吃大喝到哪里，这不是我们党的传统作风，应该看到，中国还有许多穷人吃不饱肚子。”

作为第七、八届全国政协委员，他每到一处都要到地方政协机关走一走，了解那里的情况，关心那里的工作。他这次来宁夏到过石嘴山市政协，又来到自治区政协大院。他亲切地与自治区政协主席刘国范和副主席郝廷藻、洪清国、吴尚贤、刘闽生、强锷促膝谈心，交换意见。时间是短暂的，但傅莱却比较全面地了解了宁夏的情况，特别是宁夏的经济现状及发展优势。他对宁夏的能源、电力、交通、农业等方面的发展前景很感兴趣，一一笔录下来，并问宁夏政协委员们的参政议政意见和建议有没有被采纳。刘国范主席举例说：全委会前视察南部山区贫困落后的建议，自治区政府立即拨款470万元救灾；石嘴山公路塌陷提案被采纳后道路已经修复；吴尚贤副主席的“木架附重四面体防治黄河塌岸的建议”被自治区政府采纳后，有效地防止了黄河塌岸。傅老听了很感欣慰。

傅莱对我区知识分子特别关心。他在905厂视察后说，那里环境和生活条件艰苦，他们长期坚持工作，献身宁夏建设的精神，使我很受感动。

作为医学专家和中国医学科学院顾问，他也关心宁夏的卫生事业。当他听到刘闽生副主席介绍宁夏的医疗设备条件与北京不差上下，医务人员的构成比例在全国也名列前茅时，傅老很满意。

傅莱离开宁夏上飞机前留下了自己的一点儿看法："我在银川发现能够体现民族和宗教特点的宁夏经学院及南关清真大寺，不但门口有市场，挂起了公司和广告的牌子，而且进去要买门票，甚至对外国人（包括我这个中国外国人）要交押金，把个神圣的地方搞得很不严肃，这样做对内对外影响不好。"

1994年5月15日

漫画5：傅莱研制出粗制青霉素解决了当时药品极端匮乏的外伤用药问题

漫画6：在傅莱的努力下1987年我国建成第一个大型文献计算机检索系统（MEDLARS）

附　录

附录1　傅莱年谱

1920年	2月11日生于奥地利首都维也纳
1934年	14岁，为奥地利共产党领导的维也纳工人保卫团运送弹药，在老医生的指导下，参加战伤救护，抢救伤员
1937年	17岁，秘密加入奥地利共产党，成为一名共产主义战士
1938年	18岁，12月18日晚离开维也纳，搭乘开往中国的“胜利号”远洋客轮，前往中国上海
1939年	19岁，1月15日，历经28天的航行后抵达上海港
	1~3月，先在犹太人难民救助委员会资助的一家慈善机构打杂，后与难民中学医的同行一起开办临时传染医院，收治病人
	3月，毅然北上来到天津，在一家奥地利医生开办的德美医院X光放射诊断和化验室工作
1940年	夏，只身前往北戴河、昌黎附近铁路北面山区，寻找冀东八路军
1941年	到达晋察冀抗日根据地
	聂荣臻司令员为他取了中文名字“傅莱”
	12月来到白求恩卫生学校，与柯棣华大夫一道担任教员
1942年	5月，江一真校长来军区汇报，带着他来到军区，见到聂荣臻司令员
	治愈河北唐县葛公村的斑疹伤寒
	7月5日，晋察冀军区任命他担任军区医药指导委员会委员
	10月参与反“扫荡”，与大家一道参加了背粮
1943年	用针灸治疗疟疾的方法，发明用缝衣针做针灸用针，亲自到作战部队组织实验和推广，收到很好效果，受到毛泽东主席、朱德总司令员的赞扬，全军通报表扬

续表

1944年	从晋察冀调到延安中国医科大学担任内科教学工作
	秋，受组织派遣去陕甘宁边区，到达延安，在中国医科大学传染内科开展教学和医疗工作
	11月21日，由聂荣臻同志介绍、中组部彭真同志批准加入中国共产党
1945年	年初，在延安柳树店，带领两位助手创建了生化实验室，利用美国援华委员会寄来的盘尼西林（青霉素）的菌种和部分资料，成功自制了粗制盘尼西林，用于临床，缓解战地用药的困难，受到边区政府林伯渠主席的褒扬
	秋，奉命从延安来到张家口，任华北军区卫生部顾问，参加接管蒙疆医学院工作，后来该院并入白求恩卫生学校
1946~1949年	参加解放战争的太原战役、平津战役，做战地救护工作
1950~1959年（20世纪50年代）	担任华北军区卫生部顾问兼华北医科大学编译室主任、西南军政委员会卫生部公共卫生处负责人、重庆市卫生局顾问，在重庆医学院执教。
1953年	4月3日，加入中国国籍
1961年9月	编著《人民保健组织学》
1962年	从重庆调往北京，到中国医学科学院信息研究所（原医学情报研究所）工作
1979年	恢复了中国医学科学院顾问和医学情报研究所副所长的职务，同时负责中国生物医学情报中心网络项目的领导工作
1982年	引进美国国家医学图书馆研制的医学文献计算机检索系统（MEDLARS），建立起我国第一个大型医学文献计算机检索系统，成为世界上第16个MEDLARS中心
1983 ~ 2002年	连续担任了第六、七、八、九届全国政协委员
2004年	11月16日1时3分，在北京协和医院逝世，享年84岁

历任教员与职务

历任教员

晋察冀军区白求恩卫生学校任教

延安中国医科大学任教

白求恩医科大学任教

重庆医科大学任教

中国医科大学任教

历任职务

- 晋察冀白求恩卫生学校教员
- 晋察冀军区医药指导委员会委员
- 延安中国医科大学教员
- 华北医科大学顾问兼编译室主任
- 美援华委员会晋察冀代表
- 陕甘宁边区中西药研究会顾问
- 八路军联防卫生部医药卫生委员会委员
- 华北军区卫生部顾问
- 西南军政委员会卫生部公共卫生处负责人
- 重庆市卫生局顾问
- 重庆医学院顾问兼教员等职
- 中国医学科学院顾问

– 中国医科大学顾问

– 中国医学科学院信息研究所副所长、名誉所长

– 中国医学科学院图书馆馆长、名誉馆长

– 中国人民政治协商会议第六、七、八、九届全国委员会委员

主要工作经历与贡献

1934～1938年

奥地利内战时期，参加维也纳马克思公寓保卫战。德国吞并奥地利前后，参加共产党地下组织活动反抗德国法西斯。文理高中毕业，钻研医学。

1939～1941年

在上海虹口难民传染病隔离医院、天津德美医院、北平道济医院、邢台福音医院、天津马大夫医院等从事抗日救援的医务工作，四处寻机加入抗日革命队伍。

1942～1943年

在晋察冀边区的白求恩学校任教员，培养医务人才。为解决药品缺乏的困难，使用针灸和中药治疗方法，有效地控制了疟疾和麻疹流行病的蔓延，避免了许多军民伤亡，获毛泽东、朱德等褒奖，通报全军。

1944～1945年

在延安中国医科大学任教。成功研制粗制青霉素，为中国研制

使用粗制青霉素第一人。

1946～1949年

在军队医校任教，为军队在抗日战争和解放战争时期培养了大量急需的医务工作人员和医疗部门的高中级干部。参加解放战争中的大同、太原、天津等战役，做战地救护工作。

1949～1962年

在中国西南地区工作，深入该地区的边远农村和少数民族地区，了解当地钩虫病及其他地方病的发病情况，为防治钩虫病等撰写了大量的调查报告，编写了《人民保健组织学》。

1962～1985年

建立全国医学情报网络，组织培训全国医学情报、书籍文献专业管理人员，建立中国第一个大型医学文献计算机检索系统——MEDLARS中心，开创中国医疗机构快速高质量的医学信息服务、高速高质量检索全世界生物医学文献的服务。

1985～2004年

在担任历届全国政协委员期间，特别关注中国的建设和改革开放的进展，努力为发展国家经济和医药事业改革进言献策。多次随全国政协视察团赴中国西南，西北地区调查了解情况和指导工作，写出了许多好的建议和提案。经常通过新闻媒体和其他方式向世界各国朋友宣传中国和中国的建设成就，使许多外国朋友认识和了解中国，促进中外交流与合作。

获得的主要奖项

- 1943年全军通报奖励
- 1944年获陕甘宁边区政府特殊贡献奖
- 中华人民共和国三级独立自由勋章
- 中华人民共和国三级解放勋章
- 1987年获国家卫生部颁发的科学贡献奖
- 1994年获得中华医学会奖
- 2005年中国纪念抗日战争胜利金质奖章

附录2　人民保健组织学

1 绪论

人民保健组织学（卫生行政学）是一门社会科学。它根据我国社会主义社会的发展及人民健康的实际，研究如何通过国家及社会保健组织和机构，最迅速有效地用医学及其他科学最新成就为人民的健康、为社会主义建设服务。

1.1 人民保健组织学研究的主要内容

人民保健组织学包括：①人民卫生事业的理论基础；②党和国家的有关方针、政策、法令及其如何在人民卫生事业中正确贯彻执行；③各类保健组织机构的设置、管理及活动；④人民健康状况；⑤保健史的研究；⑥培养训练医药卫生工作者；⑦提高劳动人民的卫生知识水平以及广泛地开展群众性的卫生运动的方法等几个方面。

1.2 人民保健组织学的工作方法和目的

人民保健组织学是应用无产阶级社会科学的方法和自然科学的知识，根据我国社会主义建设的需要来研究和解决它的课题。所谓无产阶级的社会科学方法是指以辩证唯物主义的精神研究全部环境（社会、劳动、生活等）对研究对象的影响（或相互影响的因果关系），并根据当时社会实际通过国家及社会保健组织机构采取必要的措施解决问题。人民保健组织学应该从理论上解决为六亿五千万人民健康服务的医药卫生最好的组织机构形式及工作方法、工作指标等。也就是说，应该根据国内外的历史经验，结合当前实际的调查研究，以科学的分析走在实践的前面，指导实践，使它的科学研究的成果作为保健事业政策方针的基础，起到党的参谋作用。通过不断地实践，不断地总结，来阐明人民保健事业的各种规律，以便不断调整保健事业与经济建设之关系，调整人民的需要和保健事业之中的矛盾，为社会主义建设服务。

1.3 医学生学习人民保健组织学的意义

解放后保健组织学作为高等医学院校新设的必修课程，对医学生在今后实际工作中有着重要意义。每个医师，无论他的工作地点在医疗预防机构（医院、门诊部或防治所），在卫生防疫机构（防疫站）或卫生行政机构（卫生局、科），他都要成为一个又红又专的技术人员（或行政人员），努力当好党的参谋，为此他就必须具有组织和发动群众的本领，正确执行党的卫生工作方针政策，推动人民的卫生事业，也就是说人民医师不仅要掌握治病的技术，还要学会防病及发动群众和疾病作斗争的本领。医师对社会的职责应该是：人民卫生事业中的预防者、治疗者、组织者和宣传者。为此他除具有良好技术外，还必须努力学习毛泽东同志的著作，认真研究党和政府的路线、政策、方针及有关卫生事业各项规定；同时还必须熟习人民卫生事业的组织工作和活动方法、制度等，并掌握检查工作成效的各种方法，以便调查研究、分析、总结及计划各项工作。这样才能充分发挥一个人民医师在人民保健事业中的最大作用。

（细则另发表）

编后记

永远的怀念

江国珍

光阴荏苒，转瞬之间傅莱先生离开我们已有十余年了。

记得傅莱曾为纪念柯棣华大夫所写《我钦佩的战友》一文中有这样一段开头语：“人到六七十岁，特别喜爱回忆点什么。过去熟悉的，或已淡忘的事情，经人偶一提起，便如串珠般呈现在眼前。然而到底是年代久远，真待执笔为文，这回忆又只余下不连贯的片段了。为了纪念亡友柯棣华，且试着记下我们当时那段回味无穷的生活片段，献给今天的青年朋友们。”

如今，我也步入了耄耋之年。然而，我对傅莱的思念却从未因时光的不断流逝而减淡。早年我和傅莱共同牵手度过的四十载日日夜夜始终萦绕在我的脑海；与他共同生活的许多片段时常浮现在我的眼前；我们风雨同舟一路前行的一幕幕往事至今令我不能忘怀……

傅莱身上有着反抗法西斯列强侵略的坚强性格和传奇色彩。他不远万里远渡重洋来到中国，费尽周折奔赴晋察冀军区，参加共产党领导的八路军抗击日本敌寇对中国的侵略。他为中国人民的民族解放斗争和社会主义建设事业做出了不朽贡献。

傅莱一生有过两段婚史。1945年傅莱与抗日战士李滨珠同志在延安结婚，他们生育了两子一女。李滨珠与傅莱在50年代离婚，2007年7月12日在维也纳去世。

60年代初，傅莱与我结婚。我们育有一子。虽然我是傅莱的第二任夫人，但是傅莱确是我此生中的唯一。我们相濡以沫一起度过了四十多个春秋，携手并肩经历了人世间的风风雨雨。

傅莱的一生低调做人、勤奋工作。他热爱中国，自愿加入中国共产党和中国国籍，把“根”深深地根植于百废待兴的中国。在他身上充分体现了中国近代伟大的文学家、思想家、革命家鲁迅先生笔下“俯首甘为孺子牛”的精神和品格。

傅莱的一生平凡而伟大。之所以说他平凡，是因为他为人处世低调，绝不好大喜功；之所以说他伟大，是因为他把中国人民争取民族解放和民族振兴的伟大的事业，始终作为他自己为之奋斗终生的事业。我也因此十分崇敬和怀念傅莱先生。

傅莱生前很少有闲暇时间去总结自己一生经历的事情，更不愿意把党和人民给予他的荣誉作为炫耀的资本。因此，他未能在有生之年亲笔完成对自己人生的总结，这也就铸成了傅莱离世后的一件憾事。

傅莱走了。然而，我心中却不由地产生了一种使命感，萌生了要亲自为傅莱编著一部纪念文集的愿望，希望能以此告慰和缅怀这位国际共产主义战士。

经过多年努力，经过对傅莱生前战斗、工作、生活过的地方进行探寻以及走访他的老领导、老战友、老同事等，完成了将他生前使用的一些物品、照片、书信、讲稿、报刊文章等进行收集、整理、分类的工作。通过构思与编写，如今《我的丈夫傅莱——一个奥地利人在中国的65年》这部纪念文集业已面市，多年来埋藏在我心底的愿望终于如愿以偿。

在我编写《我的丈夫傅莱——一个奥地利人在中国的65年》这部纪念文集的过程中，得到了中国人民抗日战争纪念馆、国家外国专家局、晋察冀革命纪念馆、国际友人研究会、中国医学科学院医学信息研究所、中国文化研究会、河北唐县纪念馆、延安纪念馆、白求恩精神研究会、石家庄白求恩军医学院等单位的大力支持，同时张建国、刘延国、王欣、顾品锷、张业胜、张量、赵迪立、张丽、苏菲、聂力、王昆、周巍峙、周七月、林力、石松、陈玉恩、栗龙池、王跃民等同志也给予极大支持，在此一并表示由衷的谢意。

在编写过程中，虽然我投入的精力很多，但缺陷可能还会存在，如有疏漏不当之处，恳请读者朋友不吝赐教。

图书在版编目（CIP）数据

我的丈夫傅莱：一个奥地利人在中国的65年／江国珍编著.—北京：中国电影出版社，2015.8

ISBN 978-7-106-04253-0

Ⅰ.①我… Ⅱ.①江… Ⅲ.①傅莱，D.R.（1920～2004）—传记 Ⅳ.①K827=7

中国版本图书馆CIP数据核字（2015）第207818号

责任编辑：程　楠
封面设计：唐　诗
版式设计：唐　诗
责任校对：孙　健
责任印制：张玉民

我的丈夫傅莱：一个奥地利人在中国的65年

江国珍　编著

出版发行　中国电影出版社（北京北三环东路22号）邮编100029
电话：64296664（总编室）　64216278（发行部）
64296742（读者服务部）　Email：cfpygb@126.com

经　　销　新华书店

印　　刷　中国电影出版社印刷厂

版　　次　2015年8月第1版　2015年8月北京第1次印刷

规　　格　开本/710×1000毫米　1/16
印张/17.75　字数/190千字

书　　号　ISBN 978-7-106-04253-0/K.0183

定　　价　38.00元